essentials

essentials liefern aktuelles Wissen in konzentrierter Form. Die Essenz dessen, worauf es als „State-of-the-Art" in der gegenwärtigen Fachdiskussion oder in der Praxis ankommt. *essentials* informieren schnell, unkompliziert und verständlich

- als Einführung in ein aktuelles Thema aus Ihrem Fachgebiet
- als Einstieg in ein für Sie noch unbekanntes Themenfeld
- als Einblick, um zum Thema mitreden zu können

Die Bücher in elektronischer und gedruckter Form bringen das Expertenwissen von Springer-Fachautoren kompakt zur Darstellung. Sie sind besonders für die Nutzung als eBook auf Tablet-PCs, eBook-Readern und Smartphones geeignet. *essentials:* Wissensbausteine aus den Wirtschafts-, Sozial- und Geisteswissenschaften, aus Technik und Naturwissenschaften sowie aus Medizin, Psychologie und Gesundheitsberufen. Von renommierten Autoren aller Springer-Verlagsmarken.

Weitere Bände in der Reihe http://www.springer.com/series/13088

Cordelia Friesendorf · Julian Stern

Digitalisierung des Auslandszahlungsverkehrs

Wie Fintechs, Blockchain & Co. das traditionelle Bankengeschäftsmodell verändern

Cordelia Friesendorf
International School of Management
GmbH
Hamburg, Deutschland

Julian Stern
M.M.Warburg & CO
Hamburg, Deutschland

ISSN 2197-6708 ISSN 2197-6716 (electronic)
essentials
ISBN 978-3-658-32737-8 ISBN 978-3-658-32738-5 (eBook)
https://doi.org/10.1007/978-3-658-32738-5

Die Deutsche Nationalbibliothek verzeichnet diese Publikation in der Deutschen Nationalbibliografie; detaillierte bibliografische Daten sind im Internet über http://dnb.d-nb.de abrufbar.

Planung/Lektorat: Guido Notthoff
Springer Gabler ist ein Imprint der eingetragenen Gesellschaft Springer Fachmedien Wiesbaden GmbH und ist ein Teil von Springer Nature.
Die Anschrift der Gesellschaft ist: Abraham-Lincoln-Str. 46, 65189 Wiesbaden, Germany

Was Sie in diesem *essential* finden können

- Status Quo: Digitalisierung und Innovationsintensität in der Finanzbranche
- Innovationstreiber und -bremsen der Finanzinstitute
- Gestaltung der Prozesstransformation und -abwicklung im Auslandszahlungsverkehr
- Nutzungspotenzial der Blockchain-Technologie und regulatorische Themen
- Marktchancen und Aussichten für die Zukunft der Banken

Inhaltsverzeichnis

1 Mangelnde Digitalisierung in der Finanzbranche 1
Literatur 4

2 Digitalisierungstreiber und -bremsen der Finanzinstitute 5
2.1 Phasen der Digitalisierung 5
2.2 Marge, Regulatorik und Konkurrenz als Herausforderungen 7
2.3 Tradition vs. Disruption des Banking-Geschäftsmodells 9
    2.3.1 Service und Vertrieb 9
    2.3.2 Geld- und Kapitalanlage 10
    2.3.3 Finanzierung 11
    2.3.4 Zahlungsverkehr 11
Literatur 14

3 Digitaler Wandel des Auslandszahlungsverkehres 17
3.1 Auslandszahlungsverkehr als Element der Geldwirtschaft 17
3.2 Wachstumszweig der Banken 18
    3.2.1 Prozesse der Auslandszahlungsverkehrsabwicklung 20
    3.2.2 Digitalisierungsgegenstände bzw. Pain points:
           Preis, Geschwindigkeit, Transparenz und
           Benutzerfreundlichkeit 22
Literatur 24

4 5-Forces des Auslandszahlungsverkehrsgeschäfts 25
4.1 Bankensektor 25
4.2 FinTechs & GAFAs 27
4.3 Kundschaft 27
4.4 SWIFT-Monopol 28

4.5   Bitcoin & Co. 28

4.6   Analyseergebnis 29

Literatur 30

5   Blockchain-Technologie – die Revolution im Auslandszahlungsverkehr 31

5.1   Eigenschaften und Funktionsweise 31

5.2   Potenzielle Anwendungsmöglichkeiten 33

5.3   Vergleichbare Stärken der Blockchain-Technologie 36

5.4   Mindestanforderungen an Blockchain-Systeme 36

5.5   Idealtypische Blockchain-Lösung 38

5.6   Blockchain-Denkanstöße 39

Literatur 40

6   Aussichten für die Zukunft 43

Über die Autoren

Prof. Dr. Cordelia Friesendorf ist Professorin für Finanz- und Wirtschaftswissenschaften, insbesondere Innovation Management, Finanzierung, Unternehmensstrategie- und Führung an der Wirtschaftswissenschaftlichen Fakultät der International School of Management (ISM) in Hamburg. Sie ist Studiengangleiterin *Internationales Management* sowie *Finance and Management* in Hamburg und ist zusätzlich als Strategieberaterin *Transformation und Leadership* tätig. Prof. Dr. Friesendorf promovierte über Europäische Finanzmarktintegration am Jean Monnet Centre of Excellence an der Freien Universität zu Berlin. Ihre Arbeit wurde mit dem *Verein Berliner Kaufleute und Industrieller ,Europa Preis'* im Jahr 2011 ausgezeichnet.

Forschung- und Managementerfahrungen sammelte Prof. Dr. Cordelia Friesendorf u.a. als Prodekanin/Direktorin der ISM Hamburg, Economic Advisor des Auswärtigen Amts der Britischen Regierung, Division Head an der Oxford University Press sowie als Teamleiterin in Tata Energy. Sie ist Gastprofessorin an INSEEC, Toulouse Business School, Groupe sup de La Rochelle sowie an der Haaga Helia Universität. Sie organisierte zahlreiche Forschungsworkshops und -Konferenzen mit Banken, Ministerien und Unternehmen, publiziert regelmäßig in internationalen Zeitungen und ist Keynote-Speaker.

Julian Stern absolvierte im Jahre 2014 seine Ausbildung zum Bankkaufmann im Bankhaus Joh. Berenberg, Gossler & Co. KG und nahm dort im Anschluss eine Tätigkeit als Relationship Manger für internationale Schifffahrtskunden auf. Zeitgleich begann er ein berufsbegleitendes Bachelor Studium B.A. mit dem Schwerpunkt Corporate Finance an der International School of Management in Hamburg, dass er 2018 erfolgreich abschloss. Seit 2016 ist er beim Bankhaus M.M.Warburg & CO (AG & Co.) KGaA im Corporate Banking als

Senior Relationship Manager für nationale sowie internationale Firmenkunden tätig. Er ist Teamleiter eines hochspezialisierten Expertenteams für Corporate- und Account-/Cash-Management-Dienstleitungen und verantwortet verschiedene gesamtbankrelevante Projekte, die im Zusammenhang mit der Digitalisierung sowie der Prozess-/ Infrastrukturoptimierung stehen. 2019 begann er ein berufsbegleitendes Master Studium M.Sc. mit dem Schwerpunkt Financial Management and Accounting an der Nordakademie Graduate School.

Mangelnde Digitalisierung in der Finanzbranche 1

Getrieben durch **neue Technologien** seit Anfang der Jahrtausendwende, einhergehend mit der extremen Verbesserung und stark gestiegenen Verfügbarkeit von **Rechenleistung und Speicherplatz** sowie die damit verbundene enorme Kostenreduktion, hat sich der digitalen Wandel in allen Lebensbereichen vollzogen (Smolinski und Gerdes 2017, S. 40). Ein zusätzlich wichtiger Treiber dieses Wandels ist das **Internet.** Denn insbesondere dessen Wachstum, die damit verbundene globale Vernetzung, sowie Bereitstellung enormer Datenmengen und Informationen, haben das Nutzerverhalten der Menschen stark beeinflusst und gewandelt (Smolinski und Gerdes 2017, S. 41 ff.).

Die Kommunikation findet heute über das Internet via WhatsApp, iMessage, Viber, Skype und soziale Netzwerke, wie Facebook oder Twitter, statt. Benötigte Informationen werden über Suchmaschinen wie Google, Yahoo oder Bing gesucht und eigene Informationen werden in Blogs oder über die sozialen Netzwerke geteilt. Reisen, Veranstaltungen oder Transportmittel werden über Online-Plattformen wie airbnb, Uber oder myTaxi gebucht und auch Lebensmittel-, Kleidungs- oder Auto- und Wohnungskäufe werden Online über Plattformen wie Amazon, Alibaba, eBay oder Zalando getätigt.

Neben den neuen Technologien und dem Internet kommt somit insbesondere dem **Smartphone** durch seine Multifunktionalität eine besondere Rolle in Bezug auf das sich verändernde Nutzerverhalten zu, da es ganze Produkte substituiert und durch die Vernetzung zu anderen Geräten neue Wachstumsfelder entstehen lässt. Es ist zur Steuerungszentrale in einer digitalen und vernetzten Welt geworden (Bitkom 2017, S. 9, 16). Von den aktuell 4,917 Mrd. Mobilen-Endgeräte-Nutzern weltweit sind 3,448 Mrd. bereits mobile Internetnutzer bei einem durchschnittlichen monatlichen Datenvolumenverbrauch in Höhe von 1,9 Gigabyte je Smartphone (We Are Social und Hootsuite 2017, S. 25 ff.).

© Der/die Autor(en), exklusiv lizenziert durch Springer Fachmedien Wiesbaden GmbH, ein Teil von Springer Nature 2020
C. Friesendorf und J. Stern, *Digitalisierung des Auslandszahlungsverkehrs,* essentials, https://doi.org/10.1007/978-3-658-32738-5_1

Die digitale Transformation hat nicht nur in den meisten Gesellschaftsbereichen, sondern insbesondere auch in vielen Wirtschaftsbereichen Einzug gehalten (Schallmo 2016, S. VII). Auch die Finanzbranche wurde mittlerweile vom digitalen Wandel erreicht, und lässt insbesondere durch den Eintritt neuer Marktteilnehmer wie FinTechs mögliche Tendenzen der Verdrängung erkennen. Gerade die Finanzbranche vermittelt derzeit aber nicht den Eindruck, dass sie zu den innovativsten Branchen gehört. Um dies näher zu erörtern und zu beweisen, soll im Folgenden zunächst die Innovationsintensität im Branchenvergleich betrachtet werden.

Die **Innovationsintensität** gibt an, welcher Anteil des Jahresumsatzes für die Entwicklung und/oder Investition in Innovationen ausgegeben wird, und stellt damit einen wichtigen Indikator für die Messung der Innovationsbereitschaft einer Branche dar. Im Vergleich zum Vorjahr steigerten sich 2015 die Gesamtinnovationsausgaben in Deutschland um 8,8 % auf 157,36 Mrd. EUR, womit so viele finanzielle Mittel wie noch nie zuvor zur Verfügung gestellt wurden. Bei einem Gesamtjahresumsatz von insgesamt 5263 Mrd. EUR entspricht das einer durchschnittlichen Quote von drei Prozent (Rammer et al. 2017, S. 2). Bei der Betrachtung der Abb. 1.1 wird allerdings deutlich, dass lediglich sechs der insgesamt 21 aufgeführten Branchen deutlich über dem Branchendurchschnitt liegen.

Der anfängliche Eindruck, dass die Finanzbranche zu den weniger innovativen Branchen in Deutschland gehört, wird durch die geringen Innovationsausgaben von lediglich 5,62 Mrd. EUR bestätigt (Rammer et al. 2017, S. 13). Diese entsprechen einem Anteil von 0,66 % des Gesamtumsatzes und bescheren der Finanzbranche den vorletzten Platz im Branchenvergleich. Im Vergleich zu den Vorjahren ist zwar eine kontinuierliche Steigerung seit 2008 zu verzeichnen, allerdings befindet die sich auf einem sehr niedrigen Niveau.

Der Branchenvergleich vermittelt an dieser Stelle zunächst den Eindruck, dass auch die Finanzbranche hinsichtlich der Digitalisierung hinterherhinkt.

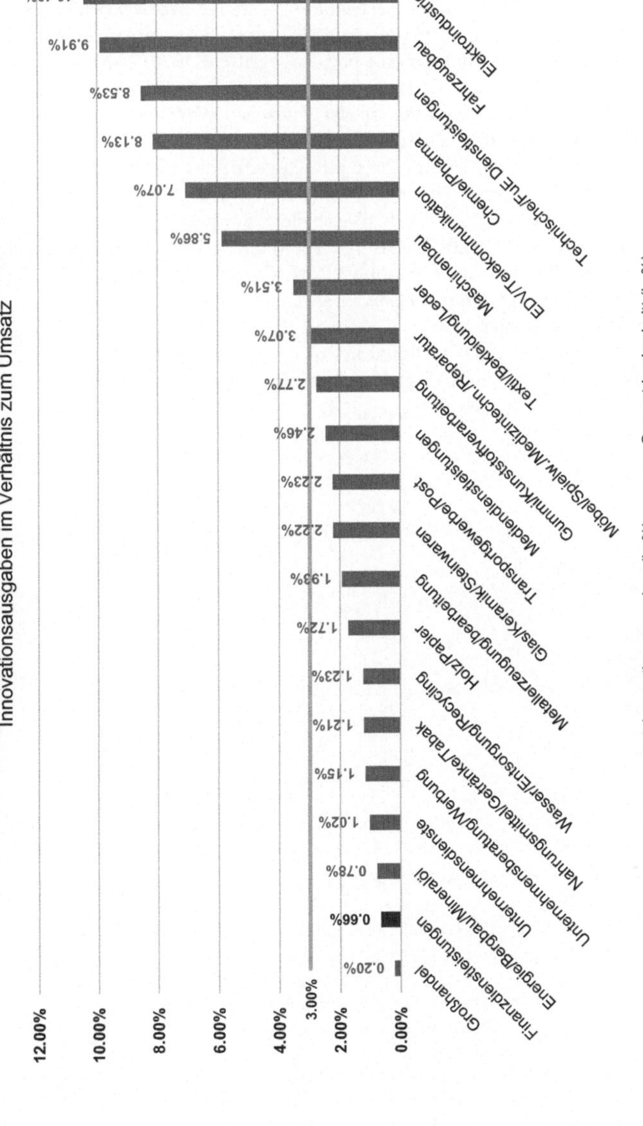

Abb. 1.1 Eigene Darstellung in Anlehnung an Rammer et al. 2017, S. 13

Literatur

Bitkom. (2017). *Zukunft der Consumer Technology – 2017: Marktentwicklung, Trends, Mediennutzung, Technologien, Geschäftsmodelle.* https://www.bitkom.org/sites/default/files/file/import/170901-CT-Studie-online.pdf. Zugegriffen: 13.10.2020.

Rammer, C., Berger, M., Doherr, T., Hud, M., Hünermund, P., Iferd, Y., Peters, B., & Schubert, T. (2017). *Innovationsverhalten der deutschen Wirtschaft: Indikatorenbericht zur Innovationserhebung 2016.* Zentrum für Europäische Wirtschaftsforschung. https://ftp.zew.de/pub/zew-docs/mip/16/mip_2016.pdf. Zugegriffen: 13.10.2020.

Schallmo, D. R. A. (2016). *Jetzt digital transformieren: So gelingt die erfolgreiche digitale Transformation Ihres Geschäftsmodells.* Wiesbaden: Springer Gabler.

Smolinski, R., & Gerdes, M. (2017). Mit ganzheitlichem Innovationsmanagement zur Finanzbranche der Zukunft. In R. Smolinski, M. Gerdes, M. Siejka, & M. C. Bodek (Hrsg.), *Innovationen und Innovationsmanagement in der Finanzbranche* (S. 37–57). Wiesbaden: Springer Gabler.

We Are Social, & Hootsuite. (2017). Digital in 2017: Global overview. https://wearesocial.com/special-reports/digital-in-2017-global-overview. Zugegriffen: 13.10.2020.

Digitalisierungstreiber und -bremsen der Finanzinstitute

2

2.1 Phasen der Digitalisierung

Alt und Puschmann (2016) unterscheiden hinsichtlich der Digitalisierungsstufen der Finanzinstitute insgesamt fünf Phasen, die hinsichtlich des Einsatzes von Informationstechnologie (IT) in die in Abb. 2.1 dargestellten Zeiträume eingeteilt werden können.

Die erste Phase ist dadurch gekennzeichnet, dass lediglich eine manuelle buchmäßige Führung von Konten und dem gesamten Bankengeschäft ohne elektronische IT erfolgte.

Die zweite Phase markiert den Beginn der **Automatisierung** des Bankgeschäftes mittels IT, indem unter Verwendung von zunächst Lochkarten, gefolgt von Magnetbändern und später Hostrechnern, manuelle Prozesse und Verfahren abgelöst wurden. Die funktionale Unterstützung durch IT-Systeme betraf insbesondere einzelne Bankbereiche und deren bankinternen Systeme, wie die Zahlungsverkehrs- und Wertpapierabwicklung. Zusätzlich wurden Schnittstellen zu anderen Banken über elektronische Netzwerke wie **Society for Worldwide Interbank Financial Telecommunication (SWIFT)** hergestellt.

In der dritten Phase ging es um die Integration von Kernbanksystemen mit dem Ziel, eine einheitliche Datenbasis im Gesamtunternehmen zu schaffen, Verfahren zu harmonisieren und somit abteilungs- und funktionsübergreifende Prozesse zu definieren. Der Fokus dieser Phase lag besonders auf einer bankinternen Optimierung.

Aktuell befinden wir uns in der vierten Phase, die durch eine überbetriebliche Integration geprägt ist, und das Konzept der serviceorientierten Architekturen verfolgt. Dieses Konzept führt zu einer intensiveren modularen Konstruktion der

C. Friesendorf und J. Stern, *Digitalisierung des Auslandszahlungsverkehrs,* essentials, https://doi.org/10.1007/978-3-658-32738-5_2

5

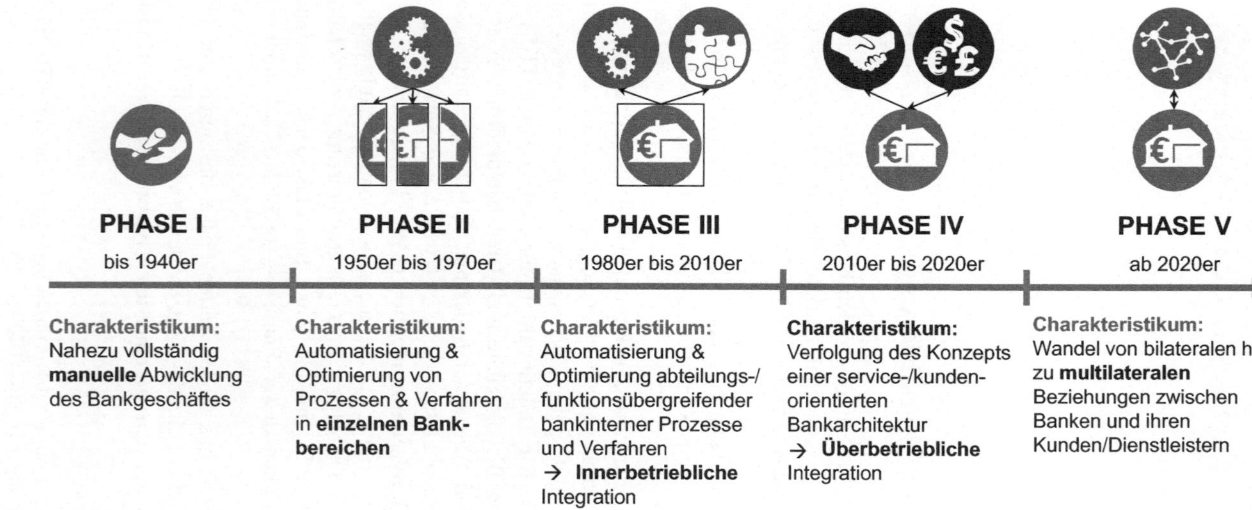

Abb. 2.1 Eigene Darstellung in Anlehnung an Alt und Puschmann 2016, S. 36 ff.

Kernbanksysteme, wodurch Banken die Möglichkeit bekommen, einzelne funktionale Bereiche mit geringen Aufwand zu separieren, und an externe Dienstleister zu vergeben. Auch der Eintritt von **FinTech-Unternehmen** und die Realisierung innovativer Lösungen für die verbesserte Kundeninteraktion können dieser Phase zugesprochen werden.

Die noch bevorstehende fünfte Phase fokussiert den Wandel von den traditionellen bilateralen Beziehungen zwischen Banken, Kunden und Dienstleistern hin zu multilateralen Beziehungen mithilfe elektronischer Plattformen. Zukünftig soll Kunden somit eine hybride Interaktion ermöglicht werden, sodass Kunden und Dienstleister über mehrere Kanäle bankrelevante Informationen und Transaktionen austauschen beziehungsweise durchführen können.

2.2 Marge, Regulatorik und Konkurrenz als Herausforderungen

Zusätzlich zur fortschreitenden Digitalisierung von Finanzdienstleistungen, dem damit einhergehenden Wandel des Nutzerverhaltens, durch den neue Ansprüche an die angebotenen Produkte und Dienstleistungen erhoben werden, sowie dem gestiegenen Investitionsbedarf in Informationstechnologie, sehen sich Finanzinstitute derzeit mit den drei zentralen Problemfeldern ‚sinkende Gewinnmargen‘, ‚steigende Regulatorik‘ sowie ‚neue Wettbewerber‘ konfrontiert.

Speziell das langanhaltende Niedrig- oder sogar Negativzinsumfeld stellt europäische Kreditinstitute vor große Herausforderungen (Werne 2017, S. 93). Zwar ist das Zinsniveau in Deutschland schon seit den Achtzigerjahren permanent gefallen, allerdings wurde dieser Abwärtstrend mit Krisenbeginn 2007/2008 nochmals verstärkt, da die EZB mit weiteren Senkungen dieser Krise entgegenwirken wollte (Lister 2018, S. 3). Im Bankendurchschnitt ist der Zinsüberschuss mit einem Anteil von 73,2 % an den operativen Erträgen noch vor den Provisionserträgen in Höhe von 22,3 % auch heute noch die mit Abstand wichtigste Ertragsquelle (Deutsche Bundesbank 2017b, S. 54 ff.). Gerade aufgrund des überwiegend zinsabhängigen Einlagen- und Kreditgeschäfts kann die Ertragslage durch negative Marktzinsen mittelfristig weiter unter Druck geraten (Lerbs und Pirschel 2017, S. 1). Geschäftsmodelle müssen daher überprüft und neue Ertragsquellen gesucht werden.

Eine weitere Herausforderung stellen die aufgrund der Finanzkrise 2007/2008 weltweit strenger gewordenen regulatorischen Vorschriften dar (Lister 2018, S. 3). Im Zuge der **Basel-III-Richtlinie** wurden bereits höhere Anforderungen bezüglich der Liquiditäts- und Eigenkapitalausstattung an Banken gestellt, die bis

2019 stufenweise umgesetzt werden mussten (Everts und Grudzien 2017, S. 3 f.). Parallel wird bereits über die **Basel-IV-Richtlinie** diskutiert. Darüber hinaus sind in 2017 und 2018 mit der Vierten-Geldwäscherichtlinie, der Geldtransferverordnung, der EU Richtlinien **Payment Services Directive II (PSD-II)** sowie **Markets in Financial Instruments Directive II (MiFID-II)** weitere strenge regulatorische Auflagen hinsichtlich der Geldwäscheprävention, dem Zahlungsverkehr und Meldewesen hinzugekommen. Im Ergebnis führen die höheren Anforderungen sowie die dadurch steigende operative Komplexität zu höheren Betriebskosten und sinkenden Margen. Studien zeigen, dass die Eigenkapitalrentabilität der 50 größten europäischen Kreditinstitutevon 6,1 % im Jahr 2017 auf 0,8 % im Jahr 2019 fallen kann, wenn diese bis dahin keine geeigneten Maßnahmen ergriffen haben (Smolinski und Gerdes 2017, S. 50).

Das dritte Problemfeld umfasst den immer stärker werdenden Wettbewerb im Bankensektor. Hierbei geht es allerdings weniger um den steigenden Wettbewerb der Banken untereinander, denn dieser ist seit Jahren eher durch eine starke **Konsolidierungsphase** geprägt. Denn die Anzahl der Kreditinstitute hat sich in Deutschland von 1992 bis 2018 von 4200 auf 1783 mehr als halbiert (Deutsche Bundesbank 2018a, S. 2, 2019, S. 2). Vielmehr steht der Finanzdienstleistungssektor durch den Markteintritt von Start-Ups und den sogenannten *FinTech-Unternehmen* vor einem nie dagewesenen Umbruch (Drummer et al. 2016, S. 1).

Der Begriff *FinTech* ist die Kurzform für ***Financial Services*und *Technology*** und beschreibt Anbieter technologischer Finanzinnovationen, die mithilfe modernster technologiebasierter Systeme spezialisierte und stark kundenorientierte Finanzdienstleistungen anbieten und damit in Konkurrenz zu traditionellen Finanzdienstleistern wie Banken treten (Danker 2016; Deutsche Bundesbank n. d.). FinTechs konzentrieren sich dabei primär auf einzelne Glieder der Wertschöpfungskette und sind durch ihre Spezialisierung, dem damit verbundenen effizienten Einsatz von Ressourcen sowie geringe regulatorische Einschränkungen, schlank, agil und innovativ. Wichtig ist hierbei, dass diese Unternehmen nicht nur alte Produkte auf eine neue Art anbieten, sondern auch ganz neue Dienstleistungen entwickeln. Sie folgen damit dem Trend zur Digitalisierung und Personalisierung und treiben den digitalen Fortschritt im Finanzmarkt voran.

Das große Interesse an FinTechs zeigt sich insbesondere im wachsenden Interesse der weltweiten Investoren, die allein 2016 insgesamt 24,7 Mrd. US$ investierten. Im Vergleich zum Jahr 2010 hat sich die Investitionssumme mehr als verdoppelt (KPMG 2017, S. 9). Auch in Deutschland erhöhte sich das Investmentvolumen von 10,2 Mio. EUR in 2012 auf 398,9 Mio. EUR in 2016 und soll weiterhin konstant ansteigen. Ernst & Young (2017, S. 7 f.) zählt für das Jahr

2016 insgesamt 280 aktive FinTech-Unternehmen (zum Vergleich: 2012 waren es 114). Laut einer Comdirect Studie (2019) gab es Ende September 2019 insgesamt 898 FinTechs in Deutschland und knapp 1,3 Mrd. EUR wurden als Risikokapital von Investoren vergeben.

Als weitere Wettbewerber steigen seit einigen Jahren auch die **GAFAs** (Akronym für die derzeit größten Internetunternehmen Google, Apple, Facebook und Amazon) sowie die zwei chinesischen Internetgiganten Tencent und Alibaba in den Finanzdienstleistungsmarkt ein, da auch diese das Potenzial dieses Marktes für sich erkannt haben.

2.3 Tradition vs. Disruption des Banking-Geschäftsmodells

Das traditionelle Geschäftsmodell der Banken hat sich in der Vergangenheit nur wenig verändert, denn auch heute treten Banken noch als Finanzintermediäre auf dem Finanzmarkt auf (Smolinski und Gerdes 2017, S. 40). Im deutschen **Kreditwesengesetz (KWG)** werden Banken als Unternehmen definiert, die auf Dauer und im größerem Umfang Bankleistungen in Form von Bankgeschäften gemäß §1 KWG anbieten. Zu den grundlegenden Bankgeschäften zählen insbesondere das Einlagen-, Kredit-, Zahlungsverkehrs- sowie Wertpapiergeschäft (Deutsche Bundesbank 2017a, S. 90 f.).

Das Bankensystem in Deutschland ist durch **Universalbanken** geprägt, die ein breites Spektrum an Bankgeschäften anbieten. Daneben gibt es eine Reihe von **Spezialbanken,** die häufig einer Universalbank angegliedert und deren Tätigkeit auf ausgewählte Bankgeschäfte beschränkt sind (Deutsche Bundesbank 2015, S. 34). Die Angebote richten sich i. d. R. an inländische und ausländische Privat- (Retail vs. Wealth) und Firmenkunden sowie institutionelle Kunden und Banken.

Innovationen zielen besonders auf einzelne Teile der Kerngeschäftsbereiche ,Service und Vertrieb', ,Geld- und Kapitalanlage', ,Finanzierung' und ,Zahlungsverkehr' ab, sodass folgend die aktuellen Entwicklungen und Trends kurz aufgezeigt werden sollen.

2.3.1 Service und Vertrieb

Für den Service und Vertrieb wurde in der Vergangenheit primär das Filialgeschäft genutzt. Die digitalen Entwicklungen haben allerdings nicht nur das Medien- und Kommunikationsverhalten stark verändert, sondern auch die Erwartungshaltung gegenüber Finanzdienstleistungen. So werden heutzutage individuelle, qualitativ hochwertige Finanzdienstleistungen jederzeit, an jedem Ort und auf jedem Endgerät nachgefragt (Schwartz et al. 2017, S. 3). Auch auf das deutschlandweite **Bankfilialnetz** hatte diese Entwicklung bereits massive Auswirkungen, was an der Schließung von knapp 27 % der Bankfilialen im Zeitraum von 2000 bis 2015 und einer prognostizierten Reduzierung auf weniger als die Hälfte bis 2035 zu erkennen ist. Unabhängig davon werden, wenn auch im begrenzten Maße, Bankfilialen auch zukünftig existieren, was in einer aktuellen Studie des Bankenverbandes deutlich wird (BdB 2017, S. 3).

Banken haben den Interaktionskanal *Filiale* durch internetbasierte Lösungen ergänzt, sodass der Kunde viele Bankaktivitäten heute direkt online durchführen kann. Erst für komplexere Themenfelder wird ein Kundenberater involviert. Die Beratung findet dabei entweder in der Filiale unter Zuhilfenahme digitaler Hilfsmittel, über das Internet via Video- oder Chat-Lösungen oder über vollständig autonome, digitale Beratungstools u. a. **Robo-Advisor** statt (Alt et al. 2010, S. 42; Horváth & Partners 2017, S. 3).

2.3.2 Geld- und Kapitalanlage

Auch im Bereich der Geld- und Kapitalanlage können substanzielle Veränderungen beobachtet werden. Neben dem schon seit Jahren stark wachsenden Angebot an (mobilen) Informations- und Handelsplattformen erfahren aktuell Angebote wie **Social-Trading** oder Robo-Advisory eine größer werdende Aufmerksamkeit. Social-Trading beschreibt dabei das Zusammenführen von Börsenhandel und sozialen Netzwerken, indem Anleger ihre Portfolien und Anlagestrategien in sozialen Netzwerken veröffentlichen, damit andere Anleger diese einsehen und nachbilden können. Das Robo-Advisory geht hingegen noch einen Schritt weiter. So steht *Robo* für den autonomen Prozess der Investmententscheidungsfindung, der auf mathematischen Algorithmen aufbaut, und *Advisory* für die automatisierte Beratung über internetbasierte, mobile Kanäle (Deloitte 2016, S. 2).

Mithilfe weniger Fragen nach Alter, Vermögen, Anlagehorizont und Risikobereitschaft werden die Präferenzen der potenziellen Kunden erfasst und auf dieser Basis passende Produkte angeboten. Speziell dieser Markt wird sich nach Einschätzung der Unternehmensberatung Bain & Company in den nächsten Jahren verzehn- bis zwölffachen, sodass 2020 mindestens 5 % des verwalteten Vermögens von Robo-Advisorn angelegt werden (Vater et al. 2017, S. 9). Deutschland zählte bereits 2015 23 Robo-Advisory-Unternehmen mit einem verwalteten Vermögen von 170 Mio. EUR (Dorfleitner und Hornuf 2016, S. 40).

2.3.3 Finanzierung

Einerseits versuchen Banken über neue Kanäle ihre dominante Marktposition im Finanzierungsgeschäft weiterhin zu behaupten. Andererseits drängen neue Marktteilnehmer wie FinTechs auf den Kreditmarkt für Privatpersonen und auch Unternehmen und könnten Banken zukünftig starke Konkurrenz machen (BaFin n. d.). Wichtige Schlagwörter in diesem Zuge sind das **Crowdinvesting, -funding sowie -lending,** die das Zusammenbringen von Geldgebern und Geldnehmern auf speziellen Internet-Plattformen ohne die Zwischenschaltung von Bankhäusern beinhalten. Besonders der deutsche Crowdlending-Markt für Privat- und Unternehmenskredite weist seit 2007 ein massives Wachstum auf und beläuft sich derzeit auf ein Gesamtvolumen von 198 Mio. EUR (Dorfleitner und Hornuf 2016, S. 32). Eine weitere Innovation stellen die **Big-Data-Ratings** dar, die auf Basis einer Analyse der in Massen zur Verfügung stehenden, öffentlich zugänglichen Daten Kreditratings für Bonitätseinschätzungen erstellen (Quack 2015).

2.3.4 Zahlungsverkehr

Gemäß einer Studie der deutschen Bundesbank zum Zahlungsverhalten in Deutschland ist das Bargeld, gemessen an den durchgeführten Transaktionen, mit 74,3 % noch das am häufigsten genutzte Zahlungsinstrument. Allerdings ist in Verbindung mit der zunehmenden Inanspruchnahme unbarer Bezahlverfahren seit 2008 eine stetige Verringerung zu beobachten (Deutsche Bundesbank 2018b, S. 8 ff.). Der bargeldlose Zahlungsverkehr verzeichnet indes einen kontinuierlichen Zuwachs und wird derzeit mit einem Transaktionsanteil in Höhe von 19,9 % hauptsächlich durch den Einsatz von Debit- beziehungsweise Kreditkarten dominiert (Deutsche Bundesbank 2018b, S. 25). Auch weltweit gewinnt der bargeldlose Zahlungsverkehr zunehmend an Bedeutung. So erhöhte sich die Anzahl bargeldloser Transaktionen jährlich um durchschnittlich 10 % und wird sich von 522,4 Mrd. (2017) auf voraussichtlich 725,8 Mrd. im Jahre 2020 steigern.

Diese Entwicklungen lassen darauf schließen, dass auch im Kerngeschäftsbereich ‚Zahlungsverkehr‘ signifikante Veränderungen stattfinden, die es im Folgenden zu erörtern gilt. Hierfür soll zunächst die in Abb. 2.2 stark vereinfachte Wertschöpfungskette des Zahlungsverkehrs betrachtet werden, die die bargeldlose Zahlungsverkehrsabwicklung zwischen einem Zahlungspflichtigen und einem Zahlungsempfänger vermittelt durch einen Zahlungs(system)dienstleister darstellt. Auf der Ebene des Zahlungspflichtigen und

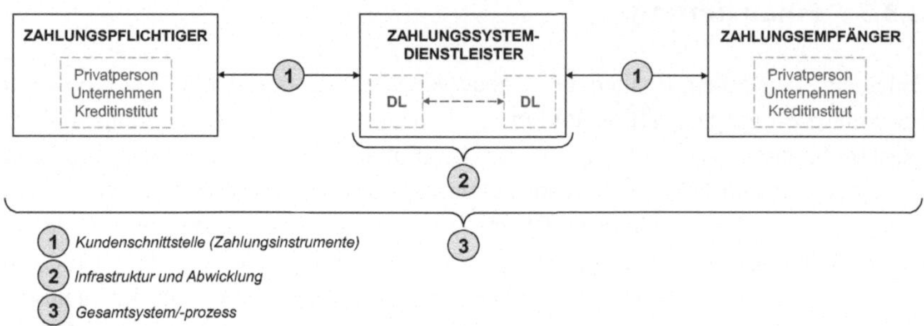

Abb. 2.2 Eigene Darstellung in Anlehnung an SRC et al. 2016, S. 14

Zahlungsempfängers kann nach der wirtschaftlichen Rolle im Geschäftsprozess (Privatperson/Unternehmen/Kreditinstitut), dem Endgerät (u. a. Karten, mobile/stationäre Endgeräte) sowie dem technischen Kanal (u. a. POS-Terminal, Internet oder Filiale) unterschieden werden.

Hauptausgangspunkt für den bargeldlosen Zahlungsverkehr ist das Bankkonto, sodass zumeist Banken als Zahlungsdienstleister auftreten, obwohl auch andere Marktteilnehmer vergleichbare Dienstleistungen anbieten (Berenberg und HWWI 2017, S. 8; SRC et al. 2016, S. 14). Die Veränderungen sind auf der Ebene der Zahlungsinstrumente, die i. d. R. auf bestehenden Infrastrukturen von etablierten Marktteilnehmern aufsetzen, auf der Ebene der zugrunde liegenden technischen Infrastruktur sowie in Bezug auf die Funktionsweise des Gesamtökosystems *Zahlen* wahrzunehmen (SRC et al. 2016, S. 6). Die vier wesentlichen korrelierenden Treiber dieser fortschreitenden Veränderung können der Abb. 2.3 entnommen werden.

Besonders die fortschreitende Regulierung und Standardisierung des Zahlungsverkehrs treiben die Veränderungen voran. So sieht die Novellierung der PSD-II ab 2018 neben der Erhöhung der Sicherheit im Zahlungsverkehr die Einbeziehung dritter Zahlungsdienstleister, insbesondere der Zahlungsauslösedienste und Kontoinformationsdienste, durch Schnittstellenöffnungen vor (Deutsche Bundesbank 2018b, S. 41 f.). Hierdurch können diese Zahlungsdienstleister wesentliche Teile der Schnittstelle zum Endkunden übernehmen und die von den kontoführenden Zahlungsdienstleistern etablierten Infrastrukturen nutzen. Eine echte Infrastrukturinnovation stellen die bereits etablierten **Single Euro Payments Area (SEPA)**-Zahlungsinstrumente auf Basis des weltweiten ISO-20022-Standards dar, die erst jüngst den neuen Standard für den europäischen Euro-Zahlungsverkehr definiert haben (SRC et al. 2016, S. 14 ff.).

Abb. 2.3 Eigene Darstellung

Einen weiteren Treiber stellt der verschärfte Wettbewerb dar. Dieser wird zum einen durch die Marktöffnung mithilfe der bereits erwähnten regulatorischen Eingriffen und zum anderen durch geringere regulatorische Anforderungen für sogenannte **E-Money-Institute** bedingt (SRC et al. 2016, S. 25). Sowohl FinTech-Unternehmen als auch die GAFAs sind primär darauf ausgerichtet zunächst einzelne Prozesse im Zahlungsverkehr zu übernehmen, wodurch die Modularisierung der Zahlungsverkehrs-Wertschöpfungskette weiter voranschreiten wird (Berenberg und HWWI 2017, S. 25).

Beim dritten Treiber handelt es sich um die neuen Zahlungsverkehrstechnologien, die wiederum durch den fortschreitenden digitalen Wandel ermöglicht werden. Im Zahlungsverkehr sind darunter sowohl die Ausbreitung der mobilen und internetbasierten Bezahlverfahren als auch die Etablierung kontaktloser Bezahlmöglichkeiten mittels der Nahfeldkommunikation zu verstehen (Berenberg und HWWI 2017, S. 23). Eine besondere Aufmerksamkeit genießen derzeit

‚**Instant Payments**‘, die Überweisungen binnen weniger Sekunden ermöglichen sollen, sowie **Kryptowährungen,** bei denen es sich um virtuelle Währungen auf Basis der **Blockchain-Technologie** handelt (Berenberg und HWWI 2017, S. 18; Deutsche Bundesbank 2018b, S. 42). Speziell der Blockchain-Technologie wird derzeit das größte Umwälzungspotenzial im Zahlungsverkehrsbereich zugesprochen (Berenberg und HWWI 2017, S. 35).

Zusammenfassend hat der digitale Wandel die Finanzbranche erreicht und übt zusätzlich zur starken Regulierung, rückläufigen Gewinnmargen sowie neuen Wettbewerbern einen enormen Druck auf die Branche aus. Es stellt sich daher die Frage, inwieweit dieser eine disruptive Bedrohung darstellt und welche möglichen Folgen und Auswirkungen sich zukünftig für den Bereich Auszahlungsverkehr ergeben.

Literatur

Alt, R., Möwes, T., & Puschmann, T. (2010). Neue Wege zum Kunden: Innovationen in der Kunde-Bank-Interaktion. *Wirtschaftsinformatik und Management*, 2(4), 40–46. doi:https://doi.org/10.1007/BF03248273

Alt, R., & Puschmann, T. (2016). *Digitalisierung der Finanzindustrie*: *Grundlagen der Fintech-Evolution*. Berlin: Springer Gabler.

BaFin. (n. d.). Crowdinvesting. https://www.bafin.de/DE/Aufsicht/FinTech/Crowdfunding/Crowdinvesting/crowdinvesting_node.html. Zugegriffen: 13.10.2020.

BdB. (2017). *Bank der Zukunft*: *Die Kunden auf dem Weg zur Digitalisierung mitnehmen!*https://bankenverband.de/media/files/2017_03_31_Banken_und_Digitalisierung.pdf. Zugegriffen: 13.10.2020.

Berenberg, & HWWI. (2017). *Strategie 2030: Die Zukunft des Geldes – das Geld der Zukunft*. https://www.berenberg.de/files/Berenberg/Publikationen/Studie_Strategie_2030/Berenberg-HWWI%20Studie_Die%20Zukunft%20des%20Geldes%20-%20Das%20Geld%20der%20Zukunft.pdf. Zugegriffen: 13.10.2020.

Comdirect. (2019). Comdirect Studie: Fintech-Wachstum nimmt wieder Fahrt auf. https://www.comdirect.de/cms/ueberuns/de/presse/Fintech-Studie-2019.html. Zugegriffen: 13.10.2020.

Danker, W. (2016). FinTechs: Junge IT-Unternehmen auf dem Finanzmarkt. https://www.bafin.de/SharedDocs/Veroeffentlichungen/DE/Fachartikel/2016/fa_bj_1601_fintechs.html. Zugegriffen: 13.10.2020.

Deloitte. (2016). *The expansion of robo-advisory in wealth management*. https://www2.deloitte.com/content/dam/Deloitte/de/Documents/financial-services/Deloitte-Robo-safe.pdf. Zugegriffen: 13.10.2020.

Deutsche Bundesbank. (n. d.). FinTechs. https://www.bundesbank.de/de/aufgaben/bankenaufsicht/einzelaspekte/fintechs/fintechs-598228. Zugegriffen: 13.10.2020.

Deutsche Bundesbank. (2015). *Monatsbericht April 2015*. https://www.bundesbank.de/res
ource/blob/664402/f9e85b7b1b8885421260cd42bbc37853/mL/2015-04-monatsbericht-
data.pdf. Zugegriffen: 13.10.2020.

Deutsche Bundesbank. (2017a). *Geld und Geldpolitik*. Frankfurt am Main: Geldmuseum
der Deutschen Bundesbank.

Deutsche Bundesbank. (2017b). *Monatsbericht September 2017*. https://www.bundesbank.
de/resource/blob/665470/02abccf09b7ebf3c9635b89405ead7e7/mL/2017-09-monatsber
icht-data.pdf. Zugegriffen: 13.10.2020.

Deutsche Bundesbank. (2018a). *Bankstellenbericht 2017: Entwicklung des Bankstellennet-
zes im Jahr 2017*. https://www.bundesbank.de/resource/blob/764704/9b2f579009aeac3
b2a490050d3520049/mL/bankstellenbericht-2017-data.pdf. Zugegriffen: 13.10.2020.

Deutsche Bundesbank. (2018b). *Zahlungsverhalten in Deutschland 2017: Vierte
Studie über die Verwendung von Bargeld und unbaren Zahlungsinstrumen-
ten*. https://www.bundesbank.de/resource/blob/634056/8e22ddcd69de76ff40078b31119
704db/mL/zahlungsverhalten-in-deutschland-2017-data.pdf. Zugegriffen: 13.10.2020.

Deutsche Bundesbank. (2019). *Bankstellenbericht 2018: Entwicklung des Bankstellennet-
zes im Jahr 2018*. https://www.bundesbank.de/resource/blob/802016/391887c18ebd8b1
bdafcd1523ce8518d/mL/bankstellenbericht-2018-data.pdf. Zugegriffen: 13.10.2020.

Dorfleitner, G., & Hornuf, L. (2016). *FinTech-Markt in Deutschland*. https://www.
bundesfinanzministerium.de/Content/DE/Standardartikel/Themen/Internationales_
Finanzmarkt/2016-11-21-Gutachten-Langfassung.pdf?__blob=publicationFile&v=3.
Zugegriffen: 13.10.2020.

Drummer, D., Jerenz, A., Siebelt, P., & Thaten, M. (2016). *FinTech – Herausforderungen
und Chancen: Wie die Digitalisierung den Finanzsektor verändert*. McKinsey. https://
www.mckinsey.com/~/media/McKinsey/Locations/Europe%20and%20Middle%20East/
Deutschland/Publikationen/Wie%20die%20Digitalisierung%20den%20Finanzsektor%
20verandert/160425_fintechs.ashx. Zugegriffen: 13.10.2020.

Everts, C., & Grudzien, W. (2017). Regulatorische Entwicklungen in 2017: Neues Jahr,
bekannte Herausforderungen? https://core.se/de/publikationen/blog-posts/translate-to-
deutsch-regulatory-developments-in-2017-new-year-renewed-challenges. Zugegriffen:
13.10.2020.

EY. (2017). *Germany FinTech landscape: Insights into the response of financial institutions
to FinTechs and inter-FinTech collaboration*. https://de.slideshare.net/ernstandyoung/ey-
germany-fintech-landscape. Zugegriffen: 13.10.2020.

Horváth & Partners. (2017). *Die Zukunft des Corporate Bankings: Digitale Entwick-
lungsfelder für den Geschäfts- und Firmenkundenvertrieb*. https://socialcommunityban
king.files.wordpress.com/2017/10/horvath-170824_sapex_fi_leporello_final_web_g.pdf.
Zugegriffen: 13.10.2020.

KPMG. (2017). *The pulse of fintech Q4 2016: Global analysis of investment in
fintech*. https://home.kpmg/content/dam/kpmg/de/pdf/Themen/2017/pulse-of-fintech-q4-
2016-KPMG.pdf. Zugegriffen: 13.10.2020.

Lerbs, O., & Pirschel, J. (2017). *Auswirkungen von Niedrigzinsen auf das Ver-
halten von Banken in Dänemark*. Zentrum für Europäische Wirtschaftsforschung. https://ftp.zew.de/pub/zew-docs/gutachten/ZEW-Studie_DaenischeBankenNie
drigzinsumfeld2017.pdf. Zugegriffen: 13.10.2020.

Lister, M. (2018). Die Perspektiven deutscher Kreditinstitute unter dem Druck von Niedrigzins, Regulierung und Digitalisierung. In W. Böhnke, & B. Rolfes (Hrsg.), *Neue Erlösquellen oder Konsolidierung? Geschäftsmodelle der Banken und Sparkassen auf dem Prüfstand* (S. 1–29). Wiesbaden: Springer Gabler.

Quack, K. (2015). Die Fintechs schicken sich an, den Kreditmarkt aufzumischen. https://www.computerwoche.de/a/die-fintechs-schicken-sich-an-den-kreditmarkt-aufzumischen,3214581,4. Zugegriffen: 13.10.2020.

Schwartz, M., Dapp, T. F., Beck, G. W., & Khussainova, A. (2017). *Deutschlands Banken schalten bei Filialschließungen einen Gang höher: Herkulesaufgabe Digitalisierung.* KfW Research. https://www.kfw.de/PDF/Download-Center/Konzernthemen/Research/PDF-Dokumente-Fokus-Volkswirtschaft/Fokus-2017/Fokus-Nr.-181-Oktober-2017-Bankfilialen.pdf. Zugegriffen: 13.10.2020.

Smolinski, R., & Gerdes, M. (2017). Mit ganzheitlichem Innovationsmanagement zur Finanzbranche der Zukunft. In R. Smolinski, M. Gerdes, M. Siejka, & M. C. Bodek (Hrsg.), *Innovationen und Innovationsmanagement in der Finanzbranche* (S. 37–57). Wiesbaden: Springer Gabler.

SRC., Z_punkt., & Fraunhofer INT. (2016). *Bezahlen 2025: Szenarien zur Zukunft der Zahlungssysteme in Deutschland.* https://src-gmbh.de/wp-content/uploads/2018/05/SRC-Studie-_Bezahlen-2025_DE.pdf. Zugegriffen: 13.10.2020.

Vater, D., Bergmann, M., Memminger, M., & Graf, C. (2017). *Asset-Management: Erfolgsformel gesucht.* Bain & Company. https://www.bain.com/contentassets/237fe31099d043c888534293acbb4727/bain-studie_asset-management-erfolgsformel-gesucht_ds_final.pdf. Zugegriffen: 13.10.2020.

Werne, J. (2017). Transformation einer analogen Privatbank zum Innovationstreiber. In R. Smolinski, M. Gerdes, M. Siejka, & M. C. Bodek (Hrsg.), *Innovationen und Innovationsmanagement in der Finanzbranche* (S. 91–115). Wiesbaden: Springer Gabler.

Digitaler Wandel des Auslandszahlungsverkehres

3

3.1 Auslandszahlungsverkehr als Element der Geldwirtschaft

Durch die Harmonisierung im europäischen Zahlungsverkehr und die damit verbundene Errichtung des einheitlichen europäischen Zahlungsverkehrsraums SEPA werden Auslandszahlungsaufträge in Euro vermehrt über das Zahlungssystem **Trans-European Real-time Gross Settlement Express Transfer System (TARGET2)** geleitet. Hierbei handelt es sich um das **Echtzeit-Brutto-Clearingsystem** des Eurosystems, welches einen taggleichen Geldtransfer zwischen den angeschlossenen Banken ermöglicht (Grundmann und Rathner 2018, S. 185). Auch in anderen Währungsräumen haben sich im Zuge der Harmonisierung von Zahlungsverkehrsstandards vergleichbare Zahlungssysteme etabliert (BNY Mellon 2015, S. 8). Beispiele hierfür sind das chinesische **China-International-Payment-System (CIPS),** das **US-amerikanische Clearing-House-Interbank-Payment-System (CHIPS)** oder **Fedwire-System.**

Die Finanzkommunikation zwischen Banken und innerhalb der Zahlungssysteme erfolgt heute üblicherweise über SWIFT. SWIFT, eine im Jahre 1973 gegründete und genossenschaftlich organisierte Institution, ist ein globaler Anbieter für Finanzmarktkommunikationsdienste, der mittels eines Telekommunikationsnetzes einen sicheren und globalen Nachrichtenaustausch zwischen seinen Mitgliedsbanken ermöglicht. Das SWIFT-Netzwerk wird von mehr als 11.000 Finanzinstituten in über 200 Ländern genutzt.

C. Friesendorf und J. Stern, *Digitalisierung des Auslandszahlungsverkehrs,* essentials, https://doi.org/10.1007/978-3-658-32738-5_3

3.2   Wachstumszweig der Banken

Getrieben durch die voranschreitende Globalisierung erfährt das Auslandsgeschäft weltweit ein starkes Wachstum, an dem zahlreiche Unternehmen partizipieren wollen. Dabei wird die Globalisierung besonders durch den größer werdenden Exportanteil der weltweit produzierten Waren und die damit verbundene Veränderung des Verhältnisses von Warenhandel und Weltwarenproduktion deutlich und zeigt zudem die ökonomische Bedeutung des Außenhandels auf. Auch Deutschland als eine der stärksten Welthandelsnationen verzeichnet bei den Exporten und Importen im Durchschnitt ein jährliches Wachstum von 8 bis 9 %. So wurden 2019 Waren im Wert von 1,33 Billionen Euro grenzüberschreitend in verschiedenen Zeitzonen und Währungen gehandelt.

Dieser Handel überträgt in Bezug auf die Zahlungsabwicklung dem Auslandszahlungsverkehr, speziell der Auslandsüberweisung, die im internationalen Geschäft das am Weitesten verbreitete Zahlungsinstrument darstellt, eine Schlüsselrolle (Lenger und Novak 2013, S. 241). Schon heute werden jährlich zehn bis 15 Mrd. Auslandszahlungen mit einer durchschnittlichen Erhöhung um 5 % p. a. weltweit abgewickelt (Accenture und Ripple 2016, S. 4; WEF 2016, S. 47).

Auch bei Banken nimmt der Auslandszahlungsverkehr deshalb einen zunehmend wichtigeren Stellenwert ein, denn dieser repräsentiert zwar nur 20 % des gesamten globalen Zahlungsverkehrsvolumens, erwirtschaftet aber mit 300 Mrd. US$ im Jahr 2015 mehr als 40 % der transaktionsbezogenen Erträge (Roland Berger 2017, S. 21). Die margenstarken sowie risikoarmen Auslandszahlungsverkehrserträgen setzen sich dabei sowohl aus transaktionsbezogenen Provisionserträgen als auch aus Zinserträgen der Fremdwährungseinlagen bei Korrespondenzbanken zusammen.

Wie der Abb. 3.1 zu entnehmen ist, machen die **Business-to-Business (B2B)**-Zahlungen mit 240 Mrd. US$ 80 % der Auslandszahlungsverkehrserträge aus, obwohl diese mit durchschnittlich 20 Basispunkten die geringste Marge aufweisen. Dies liegt insbesondere an den durchschnittlich hohen Transaktionsvolumen in der Höhe von 15.000 bis 20.000 US$, die im Schnitt jeweils eine Transaktionsgebühr von 30 bis 40 US$ einbringen (McKinsey & Company 2016, S. 14).

Finanzinstitute halten derzeit einen Marktanteil von rund 90 % im B2B-Auslandszahlungsverkehrsgeschäft, das eine wichtige Erlösquelle im Firmenkundengeschäft darstellt (Fieseler 2010, S. 207). Neben den lukrativen Erträgen schafft der Auslandszahlungsverkehr eine hohe Transparenz hinsichtlich des Kundenbedarfs und birgt dadurch viele **Cross-Selling**-Ansätze für u. a. das

Dokumenten-, Einlagen-, Finanzierungs- und Geldanlagegeschäft sowie den Devisenhandel und Finanzabsicherungsinstrumente.

Doch das traditionelle Auslandszahlungsverkehrsgeschäft der Banken kommt mittlerweile zunehmend unter Druck (Denecker et al. 2016, S. 3). Während der Inlandszahlungsverkehr in der Vergangenheit einen starken Wandel durchlaufen hat, erlebte der Auslandszahlungsverkehr keine nennenswerten Veränderungen. So sind die Kosten aufgrund vieler manueller Eingriffe sowie infolge hoher Liquiditätskosten nach wie vor beträchtlich und liegen bei der Abwicklung über Korrespondenzbanken durchschnittlich zwischen 25 und 35 US$ je Transaktion (McKinsey & Company 2016, S. 21 f.). Die Kosten verteilen sich dabei auf die involvierten Banken und sind i. d. R. vom Endkunden zu tragen.

Darüber hinaus hat sich im Zuge des digitalen Wandels eine neue kundenseitige Erwartungshaltungshaltung gegenüber dem Auslandszahlungsverkehr geformt. So werden auch hier eine hohe Transparenz, Real-Time-Abwicklung, große Datenvielfalt, Benutzerfreundlichkeit und digitale Ausrichtung erwartet.

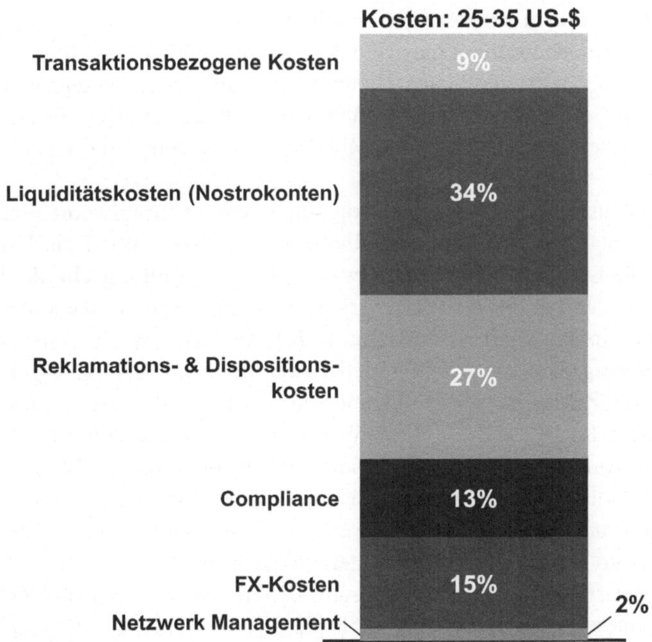

Abb. 3.1 Eigene Darstellung in Anlehnung an McKinsey & Company 2016, S. 21

3.2.1 Prozesse der Auslandszahlungsverkehrsabwicklung

Da der Auslandzahlungsverkehr besonders im Firmenkundengeschäft eine wichtige Rolle spielt, wird im Weiteren anhand eines Geschäftsvorfalls zwischen zwei in verschiedenen Ländern ansässigen Unternehmen die Auslandszahlungsabwicklung kurz erläutert. Der Abb. 3.2 können zunächst die wesentlichen Akteure und die wichtigsten Abwicklungsschritte entnommen werden. Nach erfolgreicher Auftragseinreichung, die heutzutage üblicherweise vom Kunden elektronisch erfolgt, führt die **Auftraggeber-Bank** zunächst verschiedene Auftragsprüfungen durch, die insbesondere Prüfungshandlungen hinsichtlich der Plausibilität, Auftragsautorisierung, Kundenbonität sowie regulatorische Aspekte vorsieht.

Ein besonderes Augenmerk wird hierbei auf die **Geldwäsche- (GWG)** sowie **Know-Your-Customer-Prüfung (KYC)** gelegt. Die GWG-Prüfung soll dabei zum einen die Durchführung von Transaktionen mit kriminellem Hintergrund, d. h. Transaktionen mit Geldwäschebezügen oder Bezügen zu sonstigen Straftaten sowie Transaktionen zur Terrorismusfinanzierungen und Betrugshandlungen, verhindern und zum anderen die Einhaltung von weltweiten Handels- und Wirtschaftssanktionen überwachen (BaFin n. d.b). Die KYC-Prüfung umfasst hingegen die Kundenprüfung hinsichtlich der wirtschaftlich Berechtigten, der Firmenstruktur, der wirtschaftlichen Hintergründe von Unternehmungen sowie der wesentlichen Geschäftspartner. Die Art und der Umfang der GWG-/KYC-Prüfung kann sich dabei je nach Land und Kundenklassifizierung unterscheiden (EBA 2017, S. 5).

Im Anschluss an die Prüfungen erfolgt die interne Auftragsverarbeitung sowie die Anweisung der **Korrespondenzbank 1 (K1)** per SWIFT-Nachricht, den Betrag an die Empfängerbank zu überweisen. Da die **Empfängerbank** allerdings kein Nostrokonto bei der K1 führt, verlängert sich die Zahlungskette und die K1 muss wiederum die **Korrespondenzbank (K2)** über das SWIFT-System oder das **lokale Clearing-System** anweisen, den Betrag der Empfängerbank gutzuschreiben. Vor einer Zahlungsweiterleitung müssen allerdings alle zwischengeschalteten Banken (Hier: K1, K2 und Empfängerbank) wie auch die Auftraggeber Bank verschiedenste Auftragsprüfungen, insbesondere aber hinsichtlich GWG und KYC, vornehmen. Sollten alle Prüfungen positiv ausfallen, wird der angewiesene Betrag, welcher aufgrund angefallener Gebühren vom Ursprungsbetrag abweichen kann, auf dem Konto des **Zahlungsempfängers** verbucht.

Neben der reinen Auslandszahlungsabwicklung müssen Finanzinstitute zudem zu bestimmten Zeitpunkten und abhängig von den lokalen Regularien entsprechende Berichte an die jeweiligen **Regulierungsbehörden** bezüglich der Transaktionsdetails übermitteln (WEF 2016, S. 49).

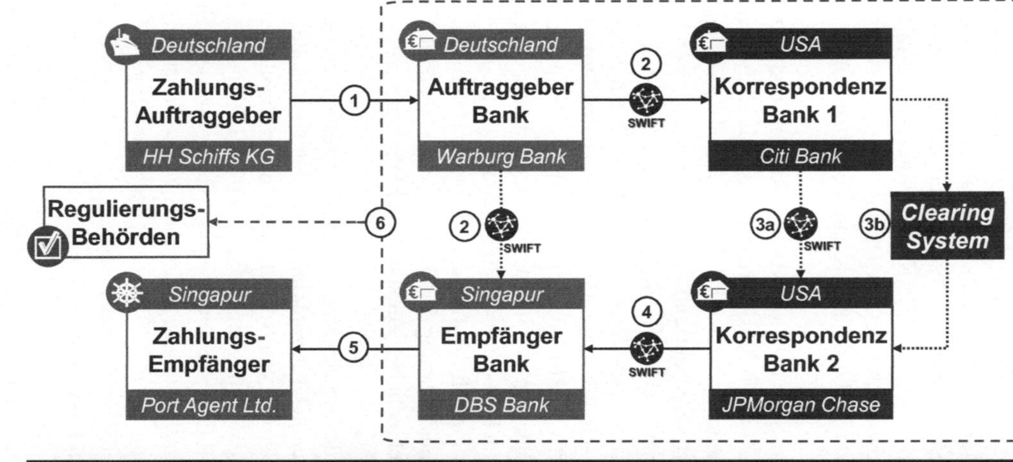

STATUS QUO DER AUSLANDSZAHLUNGSVERKEHRSABWICKLUNG

HH Schiffs KG
Erfassung, Autorisierung und
(1) **Einreichung** eines **Zahlungsauftrags** über ausgewählten Kommunikationskanal bei der **Warburg Bank**
Warburg Bank
Auftragsannahme, -prüfung [insb. **GWG + KYC**], -verarbeitung &
(2) **Auftragsausführung** [via **SWIFT**]
→ Benachrichtigung an DBS Bank und
→ (oder direkte Benachrichtigung und) Anweisung der **Citi Bank**

Citi Bank
Auftragsprüfung [insb. **GWG + KYC**], -verarbeitung & -**ausführung**
(3a) → Benachrichtigung & Anweisung an JPMorgan Chase [**via SWIFT**] oder
(3b) → Transfer an JPMorgan Chase **via** (lokales) **Clearing System**
JPMorgan Chase
Auftragsprüfung [insb. **GWG + KYC**], -verarbeitung, -ausführung [via SWIFT]
(4) an **DBS Bank**

DBS Bank
Auftragsprüfung [insb. **GWG + KYC**], -verarbeitung
(5) → **Gutschrift** des Kundenkontos und
→ **Benachrichtigung** der **Port Agent Ltd.** über ausgewählten Kommunikationskanal
Regulierungsbehörden
Regelmäßiges Reporting aller beteiligen Banken gem. lokaler
(6) Regulatorik und Meldevorschriften an Regulierungsbehörden

Abb. 3.2 Eigene Darstellung in Anlehnung an Alt und Puschmann 2016, S. 78 ff.; EBA 2017, S. 5; WEF 2016, S. 47 ff.

3.2.2 Digitalisierungsgegenstände bzw. Pain points: Preis, Geschwindigkeit, Transparenz und Benutzerfreundlichkeit

Ausgehend von der kundenseitigen Erwartungshaltung sollen an dieser Stelle die wesentlichen Problemfelder bei der gegenwärtigen Auslandszahlungsverkehrsabwicklung hinsichtlich der vier Dimensionen Preis, Geschwindigkeit, Transparenz und Benutzerfreundlichkeit identifiziert werden. Die Kunden von heute erwarten eine kostengünstige, transparente sowie schnelle Abwicklung von Auslandszahlungsaufträgen, die über benutzerfreundliche digitale Kundenschnittstellen in die Wege geleitet werden können.

Das erste Problemfeld bildet die Schnittstelle zwischen Kunden und Bank. Besonders die Electronic-Banking-Lösungen für Unternehmenskunden haben sich in der Vergangenheit nicht ausreichend weiterentwickelt. So sind die jeweiligen Plattformen meist sehr standardisiert aufgebaut und bieten nicht die notwendige Flexibilität für das komplexe Auslandszahlungsverkehrsgeschäft. Infolgedessen müssen transaktionsbezogene Informationen über verschiedene Kommunikationskanäle eingesammelt und meist mithilfe kostenintensiver manueller Prozesse zusammengeführt werden (WEF 2016, S. 50). Hinzu kommt, dass die Abholung von Zahlungsaufträgen aus der E-Banking-Anbindung zur bankinternen Verarbeitung i. d. R. nur an lokalen Nicht-Bankenfeiertagen und zumeist nur zu bestimmten Zeitpunkten stattfindet. Speziell für international tätige Unternehmen stellt dieser Zustand häufig eine Herausforderung dar, da diese schnellstmöglich in verschiedensten Ländern mit unterschiedlichen Zeitzonen und Feiertagen agieren können müssen.

Das zweite Problemfeld wird in der Abwicklung über das Korrespondenzbanknetzwerk deutlich, bei der die eigentliche Abwicklung, die damit verbundenen KYC-/GWG-Prüfungen sowie die Führung von Nostrokonten entsprechende Defizite aufweisen. Die reinen Nachrichtenübertragungen dauern im SWIFT-Netzwerk nur wenige Sekunden. Allerdings führen die Involvierung von teilweise mehreren Korrespondenzbanken, Zeitverschiebungen, Umrechnungen sowie sonstige interne Bankprozesse dazu, dass Zahlungen z. T. erst mit mehreren Tagen Verzögerung den Endbegünstigten erreichen. Zusätzlich ziehen die sich von Bank zu Bank unterscheidenden Mindestanforderungen und -standards hinsichtlich der Informationsmitgabe, -aufbereitung und -weiterverarbeitung viele manuelle Eingriffe entlang der Abwicklungskette nach sich, die viel Zeit und Ressourcen kosten (EBA 2017, S. 4 ff.; WEF 2016, S. 50). Fehlende Informationen müssen häufig gesondert in einer Nicht-Zahlungs-SWIFT-Nachricht beigefügt und über verschiedene Akteure hindurch weitergeleitet werden.

Laut einer Studie von McKinsey benötigen 60 % der B2B-Zahlungen einen manuellen Eingriff, der im Durchschnitt 15 bis 20 min dauert (Denecker et al. 2016, S. 5). Zudem kommt es aufgrund einer häufigen Informationsasymmetrie dazu, dass Zahlungsaufträge von allen beteiligten Banken jeweils gesondert auf KYC-/GWG-relevante Informationen geprüft werden. Weitere Gründe hierfür sind, dass die Banken unterschiedliche Anforderungen an die KYC-/GWG-Prüfungen stellen und nicht nachvollziehen können, ob die Prüfungen anderer Banken mit der eigenen konform sind. Angesichts der Komplexität und Vielschichtigkeit der KYC-/GWG-Prüfungen, finden viele Prüfungshandlungen noch manuell statt und sind dementsprechend zeit- und kostenintensiv. Darüber hinaus kostet auch die Unterhaltung eines globalen Korrespondenzbanknetzwerkes über verschiedene Standards hinweg und unter strikten regulatorischen Rahmenwerken viel Geld und Zeit. Denn auch die Führung von Geschäftsbeziehungen zu Korrespondenzbanken erfordert intensive Due-Diligence-Prozesse. Weiter fallen hohe Liquiditätskosten sowie damit verbundene Opportunitäts- und Hedging-Kosten für das *Funding* (Bereitstellung von Mitteln) der Nostrokonten an (WEF 2016, S. 50).

Das letzte wesentliche Problemfeld bilden die diversen regulatorischen Anforderungen, die den Banken von verschiedenen Regulierungsbehörden auferlegt werden. Dabei müssen Finanzinstitute die geltenden Gesetze und teils sehr unklaren Regulierungswerke in verschiedenen Ländern einhalten und entsprechende Berichte regelmäßig bei den Regulierungsbehörden einreichen. Hierfür müssen die geforderten Daten und Informationen über verschiedenste Kanäle und Quellen zunächst gesammelt und daraufhin adäquat aufgearbeitet werden. Die Ergebnisse müssen wiederum archiviert und entsprechend der Aufbewahrungsfristen nachgehalten werden. Entsprechend findet auch hier eine enorme IT- sowie Personalressourcenbindung statt, die mit hohen Kosten verbunden ist.

Zusammenfassend entstehen an diversen Stellen entlang der gesamten Abwicklungskette aufgrund einer Vielzahl involvierter Banken, das Vorliegen uneinheitlicher Standards sowie vieler manueller und zeitaufwendiger Prozessschritte hohe Kosten, die den Endkunden weiterbelastet werden. Neben den Kosten führt der aktuelle Zustand dazu, dass es kaum möglich ist, den exakten Zeitpunkt der Zahlungsgutschrift beim Endbegünstigten zu bestimmen. Abschließend kommt hinzu, dass für alle Beteiligten eine hohe Intransparenz hinsichtlich der Kosten, Be- und Verarbeitung sowie verfügbaren Informationen vorherrscht.

Literatur

Accenture., & Ripple. (2016). *The journey to real-time cross border commercial payments using distributed ledger technology.* https://cdn.ripple.com/wp-content/uploads/2016/07/Accenture_Ripple_CrossBorderPayments.pdf. Zugegriffen: 13.10.2020.

Alt, R., & Puschmann, T. (2016). *Digitalisierung der Finanzindustrie: Grundlagen der Fintech-Evolution.* Berlin: Springer Gabler.

BaFin. (n. d.b). Geldwäschebekämpfung: Zentrale Pflichten. https://www.bafin.de/DE/Aufsicht/Geldwaeschepraevention/Zentrale_Pflichten/Zentrale_Pflichten_artikel.html?nn=7845892. Zugegriffen: 13.10.2020.

BNY Mellon. (2015). *Innovation in payments: The future is Fintech.* https://www.spainfinancialcentre.com/sites/default/files/innovation-in-payments_the-future-is-fintech._bny_mellon.pdf. Zugegriffen: 13.10.2020.

Denecker, O., Istace, F., Masanam, P. K., & Niederkorn, M. (2016). Rethinking correspondent banking. *McKinsey on Payments, 9*(23), 3–10. https://www.mckinsey.com/~/media/McKinsey/Industries/Financial%20Services/Our%20Insights/Rethinking%20correspondent%20banking/Rethinking-correspondent-banking.ashx. Zugegriffen: 13.10.2020.

EBA. (2017). *Cryptotechnologies in international payments.* https://www.abe-eba.eu/media/azure/production/1550/cryptotechnologies-in-international-payments.pdf. Zugegriffen: 13.10.2020.

Fieseler, B. M. (2010). Zahlungsverkehr als Basis der Firmenkundenbeziehung. In J. Hilse, W. Netzel, & D. B. Simmert (Hrsg.), *Praxishandbuch Firmenkundengeschäft: Geschäftsfelder, Risikomanagement, Marketing* (S. 207–223). Wiesbaden: Gabler.

Grundmann, W., & Rathner, R. (2018). *Bankwirtschaft, Rechnungswesen und Steuerung, Wirtschafts- und Sozialkunde: Prüfungswissen in Übersichten* (5. Aufl.). Wiesbaden: Springer Gabler.

Lenger, T., & Novak, V. (2013). Die Zahlungsabwicklung bei internationalen Geschäften. In D. Sternad, M. Höfferer, & G. Haber (Hrsg.), *Grundlagen Export und Internationalisierung* (S. 231–243). Wiesbaden: Springer Gabler.

McKinsey & Company. (2016). *Global payments 2016: Strong fundamentals despite uncertain times.* https://www.mckinsey.com/~/media/McKinsey/Industries/Financial%20Services/Our%20Insights/A%20mixed%202015%20for%20the%20global%20payments%20industry/Global-Payments-2016.ashx. Zugegriffen: 13.10.2020.

Roland Berger. (2017). *Corporate Banking 2020: Das Firmenkundengeschäft in Zeiten von Regulierung, Niedrigzins und Digitalisierung.* https://www.rolandberger.com/publications/publication_pdf/roland_berger_corpbanking_firmenkunden.pdf. Zugegriffen: 13.10.2020.

WEF. (2016). *The future of financial infrastructure: An ambitious look at how blockchain can reshape financial services.* https://www3.weforum.org/docs/WEF_The_future_of_financial_infrastructure.pdf. Zugegriffen: 13.10.2020.

5-Forces des Auslandszahlungsverkehrsgeschäfts

4

Auch auf das Auslandszahlungsverkehrsgeschäft, ein traditionell wichtiges und notwendiges Geschäftsfeld der Banken, wirken verschiedene Wettbewerbskräfte. Hierbei können aufbauend auf dem Fünf-Kräfte-Modell von Porter die fünf Wettbewerbskräfte ‚Bankensektor', ‚FinTechs & GAFAs', ‚Kundschaft', ‚SWIFT' sowie ‚Blockchain & Co.' identifiziert werden, die in der folgenden Abbildung 4.0 zusammengefasst dargestellt werden. Die folgenden Abschnitte analysieren diese jeweils im Einzelnen (Abb. 4.1).

4.1 Bankensektor

Bei der Betrachtung des Bankensektors wird deutlich, dass sich dieser seit Jahren in einer Konsolidierungsphase befindet, in der sich die Anzahl an Kreditinstituten in Deutschland innerhalb von 25 Jahren mehr als halbiert hat. Folglich hat sich auch der Wettbewerb unter den etablierten Auslandszahlungsverkehrsanbietern mehr als halbiert und Prognosen zeigen, dass sich die Zahl in Zukunft weiter verringern wird. Hinzu kommt, dass nicht alle Banken im gleichen Umfang im Auslandsgeschäft, insbesondere für Unternehmenskunden, aktiv sind und somit einige die Abwicklung an andere Banken auslagern, wodurch zusätzlich Wettbewerber wegfallen. Neben dieser sich positiv entwickelnden Wettbewerbssituation ist ein jährlich um durchschnittlich circa fünf Prozent steigendes globales Zahlungsverkehrsvolumen zu verzeichnen, welches sich auf die verbleibenden Wettbewerber verteilt und somit die Wettbewerbsintensität nochmals abschwächt (WEF 2016, S. 47).

C. Friesendorf und J. Stern, *Digitalisierung des Auslandszahlungsverkehrs,* essentials, https://doi.org/10.1007/978-3-658-32738-5_4

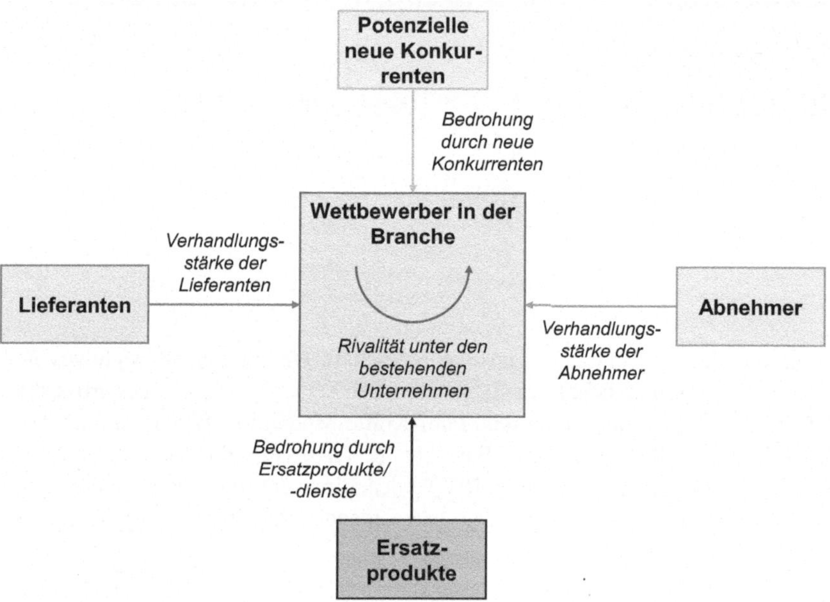

Abb. 4.1 Eigene Darstellung

Trotzdem bleibt Auslandszahlungsverkehr gleich Auslandszahlungsverkehr! – Aufgrund der geringen **Produktdifferenzierung** können sich Banken lediglich über den Preis und/oder die Servicequalität voneinander unterscheiden. Ein **Preisdumping** ist unter den Wettbewerbern allerdings nicht wahrzunehmen, was auf gemeinsame Wettbewerbsregeln hindeutet. Banken versuchen indessen mit anderen Produktabschlüssen (z. B. Kreditengagements), den Auslandszahlungsverkehr verpflichtend an sich zu binden. Anbieterwechsel werden zudem durch intensive, regulatorisch auferlegte KYC-/GWG-Due-Diligence-Prozesse für Unternehmenskunden massiv erschwert. Dadurch, dass das In- und Auslandszahlungsverkehrsgeschäft ein Kerngeschäftsfeld der Banken darstellt und die Grundlage für viele weitere Geschäfte bildet, sind zudem die Austrittsbarrieren aus strategischen Gründen als hoch einzuschätzen. Insgesamt sollte die Intensität dieser Wettbewerbskraft mit *mittel* eingestuft werden.

4.2 FinTechs & GAFAs

Neue Anbieter wie FinTechs und die GAFAs konzentrieren sich derzeit auf den inländischen Massenzahlungsverkehr im **Customer-to-Customer (C2C)-** sowie B2C-Bereich. Das lukrativere Auslandszahlungsgeschäft speziell im B2B-Bereich bleibt hingegen nahezu unberührt. Dies ist zum einen auf die höheren regulatorischen Anforderungen und zum anderen auf die Komplexität dieses Geschäftsfeldes zurückzuführen. Dadurch, dass besonders Firmenkunden Dienstleistungen in diesem Bereich nachfragen, sind viele branchenspezifische Besonderheiten zu beachten, die einen möglichen Einstieg erschweren. Neue Anbieter wie Giroxx, Transferwise, Traxpay, Taulia oder MarTrust habe sich deswegen mit ihrem Angebot entweder auf bestimmte Branchen oder auf Teilbereiche des Auslandszahlungsverkehrsgeschäfts spezialisiert.

Transferwise konzentriert sich beispielsweise auf Auslandsüberweisungen verbunden mit Währungskonvertierungen und **MarTrust** auf das Auslandszahlungsverkehrsgeschäft für Schifffahrtskunden. Weiterhin ist festzustellen, dass die angebotenen Dienstleistungen zwar modernere Kundenschnittstellen und teils geringere Kosten als Banken aufweisen, die Produkte selbst aber keine Neuheiten darstellen. Die Anbieter bauen auf bestehenden Bankeninfrastrukturen auf und ergänzen lediglich das aktuell bestehende Bankgeschäft. Zusammenfassend kann die Intensität dieser Wettbewerbskraft deshalb mit *niedrig* eingestuft werden.

4.3 Kundschaft

Durch Innovationen im Inlandszahlungsverkehr hat sich eine neue, höhere Erwartungshaltung gegenüber dem Auslandszahlungsverkehrsgeschäft geformt, sodass Kunden niedrigere Preise bei gleichzeitig hoher Qualität und verbessertem Service fordern. Privatkunden haben gegenüber Banken aufgrund geringer Volumina nur wenig Verhandlungsspielraum, greifen hierfür allerdings vermehrt für einzelne Transaktionen auf alternative Angebote anderer Anbieter zurück, die eine schnellere, transparentere sowie kostengünstigere Abwicklung versprechen.

Auf der Firmenkundenseite sieht es hingegen anders aus: In Abhängigkeit vom Gesamtgeschäftsvolumen haben speziell große Firmenkunden eine relativ hohe Verhandlungsstärke. Darüber hinaus haben Firmenkunden üblicherweise Kontoverbindungen bei verschiedenen Banken und können somit Qualität und Preis direkt vergleichen. Optimalerweise wird der Anbieter ausgewählt, der den besten Preis bei gleichzeitig hoher Qualität anbietet. Hierbei geht es allerdings nicht nur um die Servicequalität, sondern auch um die zur Verfügung gestellte Datenqualität für die Weiterverarbeitung in den eigenen (Buchhaltungs-)Systemen.

Unabhängig davon ist das Auslandszahlungsverkehrsgeschäft häufig an andere Geschäfte wie Devisenhandel, Finanzierungen und Geldanlage gebunden und verhindert einen schnellen Anbieterwechsel. Insgesamt kann die Verhandlungsstärke der Kunden mit *mittel* eingestuft werden.

4.4 SWIFT-Monopol

Nahezu alle Auslandszahlungsaufträge werden über das SWIFT-Netzwerk in Verbindung mit lokalen Clearingsystemen, die wiederum über Schnittstellen mit diesem Netzwerk verbunden sind, abgewickelt. Als faktisch einziger Infrastrukturanbieter in diesem Marksegment trat die SWIFT-Organisation somit bisher als Monopolist auf und konnte die Preise und Qualität marktunabhängig bestimmen. Wie auch am aktuellen Abwicklungsprozess zu erkennen ist, hat sich das SWIFT-System aufgrund der Monopolstellung in der Vergangenheit nicht zugunsten der Bankkundschaft weiterentwickelt und an die neuen Anforderungen hinsichtlich der Geschwindigkeit, Benutzerfreundlichkeit und Transparenz angepasst. Aktuelle Entwicklungen lassen allerdings auf Besserung hoffen.

So haben FinTech-Unternehmen wie **Ripple, Hyperledger** oder das Bankenkonsortium **R3** das Potenzial dieses Marktsegmentes für sich entdeckt und bieten eigene Infrastrukturplattformen auf Basis der Blockchain-Technologie an. Sie versprechen eine schnellere, transparentere sowie komfortablere Abwicklung und treten damit in direkte Konkurrenz mit der SWIFT-Organisation. Auf den steigenden Wettbewerbsdruck hin hat SWIFT die Initiative **„SWIFT-gpi"** in die Welt gerufen, die eine zukünftig transparentere, schnellere sowie zeitgemäßere Auslandszahlungsabwicklung ermöglichen soll. ‚Wettbewerb belebt das Geschäft!' – Der steigende Wettbewerb verspricht erhebliche Besserungen für die Bankenwelt. Aufgrund dieser recht positiven Marktentwicklungen kann die Verhandlungsstärke der Infrastrukturanbieter mit *niedrig* eingestuft werden.

4.5 Bitcoin & Co.

Das derzeit bedeutendste Substitut stellen Kryptowährungen dar. Wurden diese anfänglich noch stark belächelt, hat heute nicht nur das öffentliche Interesse an diesen deutlich zugenommen (Thiele und Diehl 2017, S. 3). Die prominenteste Kryptowährung stellt dabei wohl der **Bitcoin** dar. Gemäß Coinmarketcap.com gibt es aktuell 3000 Kryptowährungen mit einer Gesamtmarktkapitalisierung von rund 227 Mrd. US$ (Stand: 14.10.2019). Kryptowährungen basieren auf der Blockchain-Technologie und zeichnen sich dadurch aus, dass sie keinen vertrauenswürdigen Intermediär für die Verwendung benötigen, sondern stattdessen kryptografische Protokolle für die Überprüfung und Validierung von Transaktionen verwenden. Hierzu wird i. d. R. ein **Peer-to-Peer-Netzwerk (P2P)** verwendet, bei dem jeder Teilnehmer eine Kopie der Transaktionsdatenbank verwaltet (Elsner und Pecksen 2017, S. 10).

Wesentliche Vorteile der Währungen bilden ihre Unabhängigkeit, hohe Abwicklungsgeschwindigkeiten, Flexibilität sowie die geringen Transaktionskosten. Allerdings überwiegen derzeit noch die zahlreichen Schwächen. Hierzu zählen die teils hohen Volatilitäten, primär getrieben durch massive Spekulationen, eine mangelnde Skalierbarkeit – das Bitcoin-Netzwerk kann derzeit nur sieben Transaktionen pro Sekunden (tps) verarbeiten, wohingegen *Visa-Kreditkarten* im Schnitt 2000 tps schafft – sowie eine mangelnde gesellschaftliche und wirtschaftliche Akzeptanz als Zahlungsmittel (Dixon 2017, S. 225 f.). Eine zukünftige aufsichtsrechtliche Regulierung könnte Kryptowährungen zu einer höheren Akzeptanz und Verwendung verhelfen. Bis dahin wird voraussichtlich nur die zugrunde liegende Blockchain-Technologie ein großes Potenzial für die Fortentwicklung des Auslandszahlungsverkehrs abbilden. Die Bedrohung durch das Substitut ‚Kryptowährung‘ kann somit derzeit mit *niedrig* eingestuft werden.

4.6   Analyseergebnis

Insgesamt kann die Wettbewerbsintensität im Auslandszahlungsverkehrsgeschäft derzeit mit *niedrig* eingestuft werden. Es lassen sich zwar neue Wettbewerber am Markt finden, diese bauen allerdings auf den existierenden Bankeninfrastrukturen auf und ergänzen lediglich das bestehende Bankenangebot an der Kundenschnittstelle. Auch die Kryptowährungen weisen noch zu viele Defizite und unbeantwortete Fragen auf, um als möglicher Auslandszahlungsverkehrsersatz infrage zu kommen. Lediglich die zugrunde liegende Blockchain-Technologie verspricht ein großes Potenzial, auf der auch die neuen Infrastrukturanbieter aufbauen und den Monopolisten SWIFT zunehmend unter Druck setzen. Hiervon profitieren allerdings die Banken als Infrastrukturnutzer, da erhebliche Besserungen für diese und deren Kunden zu erwarten sind. Im Folgenden soll aus diesem Grund näher auf die Blockchain-Technologie und die Anwendungsmöglichkeiten im Auslandszahlungsverkehr eingegangen werden.

Literatur

Dixon, P. (2017). Blockchain: Mehr als Bitcoin. In R. Smolinski, M. Gerdes, M. Siejka, & M. C. Bodek (Hrsg.), Innovationen und Innovationsmanagement in der Finanzbranche (S. 215–229). Wiesbaden: Springer Gabler.

Elsner, D., & Pecksen, G. (2017). Kryptowährungen sind noch nicht reif für eine weitreichende Umsetzung. ifo Schnelldienst, 70(22), 7–9.

Thiele, C.-L., & Diehl, M. (2017). Stabiles Geld braucht eine stabilitätsorientierte Geldpolitik. ifo Schnelldienst, 70(22), 3–6.

WEF. (2016). The future of financial infrastructure: An ambitious look at how blockchain can reshape financial services. https://www3.weforum.org/docs/WEF_The_future_of_financial_infrastructure.pdf. Zugegriffen: 13.10.2020.

Blockchain-Technologie – die Revolution im Auslandszahlungsverkehr 5

5.1   Eigenschaften und Funktionsweise

Im Allgemeinen lässt sich die Blockchain auch als dezentrale Datenbank, bestehend aus Blöcken mit Datensätzen aller Transaktionen, innerhalb eines P2P Netzwerkes gleichberechtigter Mitglieder beschreiben, die Daten und Informationen auf allen teilnehmenden Computern verteilt, abspeichert und synchronisiert (Roth und Eitelwein 2018, S. 37). Transaktionen werden dabei in Blöcken zusammengefasst und mit dem vorherigen Block verbunden, sodass eine Kette von Blöcken entsteht – die *Blockchain* (Korschinowski et al. 2018, S. 279). Daneben ermöglicht die Technologie, Transaktionen zwischen unbekannten, sich misstrauenden Parteien ohne die Involvierung eines Intermediärs durchzuführen, indem **Algorithmen** die Integrität und Unveränderlichkeit der Transaktionen sicherstellen. Die folgende Abb. 5.1 führt die wichtigsten Kerneigenschaften der Blockchain-Technologie auf.

Gemessen am **Dezentralisierungsgrad** können verschiedene Kernklassifizierungen für Blockchains vorgenommen werden. Blockchains können dabei entweder privat (nur bestimmte Nutzer können auf diese zugreifen und Transaktionen hinzufügen) oder öffentlich (jeder Nutzer kann auf diese zugreifen und Informationen hinzufügen) verfügbar sein. Zusätzlich wird bei öffentlichen Blockchains unterschieden, wer die hinzugefügten Transaktionen in Blöcke zusammenfassen und validieren darf. Bei autorisierungsfreien Systemen darf dies jeder Nutzer, bei Systemen mit **Autorisierungserfordernis** darf dies nur eine zuvor definierte **Nutzergruppe** (GOS 2016, S. 17) (Abb. 5.2).

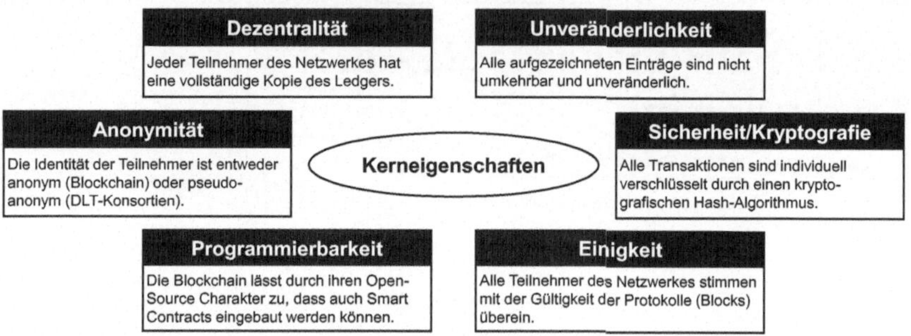

Abb. 5.1 Eigene Darstellung in Anlehnung an Korschinowski et al. 2018, S. 280

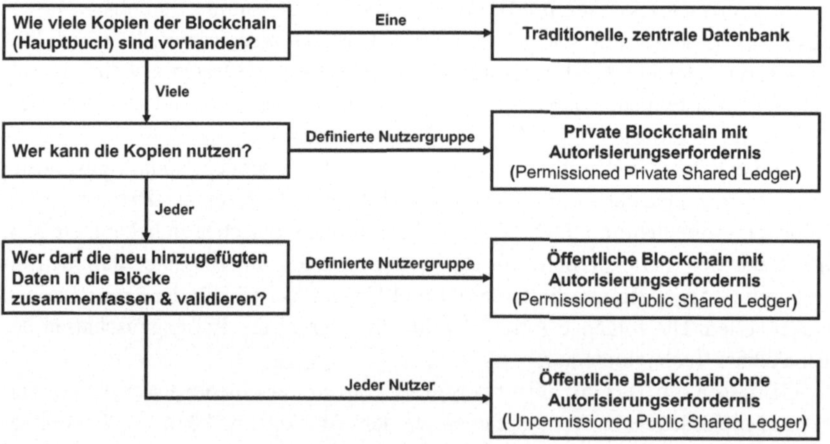

Abb. 5.2 Eigene Darstellung in Anlehnung an GOS 2016, S. 19

Um die Funktionsweise der Blockchain-Technologie greifbarer zu machen, wird folgend eine exemplarische **Transaktionsabwicklung** kurz beschrieben.

Zu Beginn steht die Initiierung einer Transaktion zwischen den Vertragspartnern. Dabei ist zu beachten, dass das Blockchain-Protokoll nicht nur für Transaktionen von Kryptowährungen, sondern auch für verschiedene andere komplexere Transaktionsarten konzipiert ist (Korschinowski et al. 2018, S. 281). Die

Technologie bietet die Möglichkeit, Transaktionen und deren Rahmenbedingungen ohne die Einbindung von dritten Parteien über automatische Verträge bzw. **Smart Contracts** abzuwickeln (Abb. 5.3).

Im zweiten Schritt wird die Transaktion an das P2P-Netzwerk übergeben und an alle Teilnehmer verteilt, die daraufhin die Verifizierung sowie Validierung, d. h. eine formelle Prüfung auf Richtigkeit, Ordnungsmäßigkeit und Plausibilität, dieser Transaktion vornehmen (Dixon 2017, S. 217). Anschließend versuchen die Netzwerk-Teilnehmer einen Konsens über die Transaktionen zu finden. Hierbei können verschiedene Konsens-Verfahren zur Anwendung kommen, deren Eignung vom konkreten Anwendungsfall und Einsatz der Blockchain-Lösung abhängig sind (Prinz et al. 2018, S. 315). Das wohl bekannteste Verfahren stellt der *Proof-of-Work*-Algorithmus des Bitcoin-Netzwerkes dar, bei dem die Konsensbildung mithilfe einer kryptografischen Hashfunktion erfolgt. Bei diesem Verfahren muss ein mathematisches Rätsel gelöst werden, um eine passende *Nonce* (beliebige Zahl) und somit einen entsprechenden *Hash-Wert* zu finden. Im Ergebnis erhält jeder Block eine kryptografische Verschlüsselung, den Hash-Wert, der die eindeutige Referenz des Blocks darstellt und im darauffolgenden Block wieder mit aufgenommen wird. Hierdurch entsteht die sequenzielle Kette von Blöcken.

Nachdem der Konsens über die Transaktionen gefunden wurde, wird der neue Block im Netzwerk verteilt und in der bestehenden Blockchain aller Teilnehmer mit aufgenommen. Sollte nachträglich eine Änderung von Daten innerhalb eines bereits validierten Blocks vorgenommen werden, wird die gesamte Blockkette ungültig, da hierdurch sowohl der Hash-Wert des manipulierten Blocks als auch die Hash-Werte aller nachfolgenden Blöcke ungültig werden. Die Konsensalgorithmen stellen somit die Integrität und Unveränderlichkeit der Transaktionen sicher (Roth und Eitelwein 2018, S. 36 f.). Abschließend wird die erfolgreiche Transaktionsabwicklung den beteiligten Vertragspartnern bestätigt.

5.2 Potenzielle Anwendungsmöglichkeiten

Wie bereits erläutert wurde, ist die aktuelle Auslandszahlungsverkehrsabwicklung über Korrespondenzbanknetzwerke aufgrund der Involvierung mehrerer Banken, uneinheitlicher Standards und vieler manueller Prüfungshandlungen intransparent, ineffizient, zeitaufwendig und kostenintensiv. Die Missstände werden in der Zusammensetzung der Transaktionskosten besonders deutlich, da hier sichtbar wird, dass die KYC-/GWG-, Reklamations-/Dispositions- sowie Liquiditätskosten zusammen fast 75 % der Gesamtkosten einer Transaktion ausmachen – Kosten,

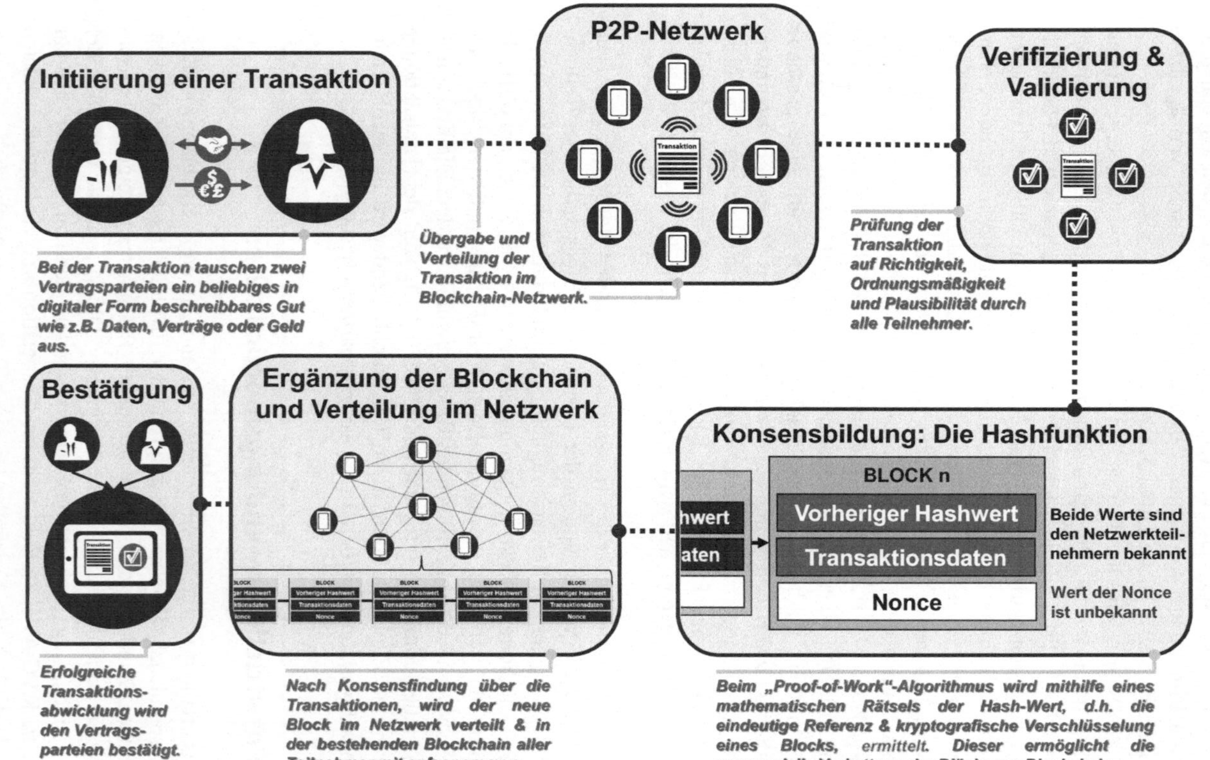

Abb. 5.3   Eigene Darstellung in Anlehnung an Seffinga et al. 2017, S. 814

die hauptsächlich in der Abwicklung über Korrespondenzbanknetzwerke begründet sind. Des Weiteren ist es derzeit nahezu unmöglich, den exakten Zeitpunkt einer Zahlungsgutschrift beim Endbegünstigten zu bestimmen, den Zahlungsweg rück zu verfolgen oder aber die genauen Gesamtkosten einer Transaktion zu ermitteln.

Der Einsatz von Blockchain-Technologien könnte viele dieser Missstände beheben und erscheint aus diesem Grund besonders lohnenswert für Banken sowie deren Kunden. Die Technologie verspricht durch ihre Struktur und Funktionsweise zu einem höheren Grad an Transparenz, operativer Effizienz, hoher Sicherheit und Resilienz, Unabhängigkeit von teilweise diversen Intermediären sowie Automatisierung in der Abwicklung zu führen und weist dadurch ein erhebliches Potenzial zur Kostenreduktion und Erhöhung der Abwicklungsgeschwindigkeit bis hin zu einer Echtzeitabwicklung auf (Deutsche Bundesbank 2017, S. 40; EBA 2017, S. 7). Am Markt gibt es bereits verschiedene Lösungen, die auf der Blockchain-Technologie aufbauen. Bekannte Lösungen wie Bitcoin, Ethereum, Hyperledger, Ripple oder R3's Corda bilden dabei nur einen kleinen Teil der mehr als 600 Blockchain-Lösungen am Markt ab (Accenture und Ripple 2016, S. 2). Obwohl die Lösungen in teilweise unterschiedlichen Bereichen Anwendung finden und jede von ihnen sich durch eigene einzigartige Funktionen und Eigenschaften auszeichnet, gleichen sich alle in vier wesentlichen Kerneigenschaften:

1. Bei allen handelt es sich um Datenbanken, die auf alle Teilnehmer des jeweiligen Netzwerkes verteilt sind.
2. Die Sicherheit und Richtigkeit der Datenbank wird durch kryptografische Methoden sichergestellt.
3. Die Kontrolle über die Datenbank ist dezentral auf alle Netzwerkteilnehmer verteilt.
4. Sobald Transaktionen verifiziert wurden, können diese nicht mehr verändert werden (EBA 2017, S. 7).

5.3   Vergleichbare Stärken der Blockchain-Technologie

Die Blockchain-Technologie hat das Potenzial, eine hohe Effizienz sowie neue Möglichkeiten in die Auslandszahlungsverkehrsabwicklung zu bringen, was durch ihre wesentlichen Stärken untermauert wird. Hierbei handelt es sich um die effiziente und zeitnahe Informationsbereitstellung innerhalb eines Netzwerkes. Alle Teilnehmer sind im Besitz der Datenbank, die nahezu in Echtzeit aktualisiert wird, und können somit jederzeit auf alle aktuellen, vollständigen sowie gleichen Daten zugreifen (EBA 2017, S. 11). Dies führt zudem zu vereinfachten Abstimmungsprozessen, die die gegenwärtigen ineffizienten Abstimmungsprozesse optimieren und möglicherweise vollständig eliminieren könnten. Eine weitere Stärke bildet die lückenlose Rückverfolgbarkeit, durch die die Teilnehmer oder berechtigte Dritte wie Regulierungsbehörden in der Lage sind, Transaktionen über die gesamte Kette hinweg nachzuverfolgen. Dies wird dadurch ermöglicht, dass Einträge zwar zum Hauptbuch hinzugefügt, nicht aber rückwirkend gelöscht werden können.

Dadurch, dass die **Verifizierung** sowie **Validierung** der Transaktionen und Blöcke über entsprechende Verfahren durch die Teilnehmer im Netzwerk erfolgt, können diese zudem auf die **Echtheit** und **Integrität** der Daten im Hauptbuch vertrauen, ohne auf eine zentrale Vertrauensstelle zurückgreifen zu müssen. Zuletzt sollte noch die hohe **Widerstandsfähigkeit** des Blockchain-Systems genannt werden. Dadurch, dass Blockchain-Systeme unabhängig von zentralen Infrastrukturen arbeiten, kann auch im Falle des Wegfallens einiger Teilnehmer die reibungslose Weiterverarbeitung garantiert werden. Auch bei lokalen Systemabstürzen können verlorengegangene Transaktionsdaten problemlos aus dem verteilten Hauptbuch wiederhergestellt werden, wodurch die Systeme eine starke integrierte **Datensicherung** aufweisen (Dixon 2017, S. 223; SWIFT und Accenture 2016, S. 4).

5.4   Mindestanforderungen an Blockchain-Systeme

Trotz dieser Stärken weisen die bestehenden Blockchain-Technologien derzeit noch nicht die notwendigen Reifegrade auf, um den Anforderungen im Auslandszahlungsverkehrsgeschäft vollständig gerecht zu werden. In einem gemeinsamen Positionspapier von SWIFT und Accenture wurden deshalb wesentliche Anforderungen für die erfolgreiche und flächendeckende Einführung einer solchen Technologie zusammengestellt (Abb. 5.4).

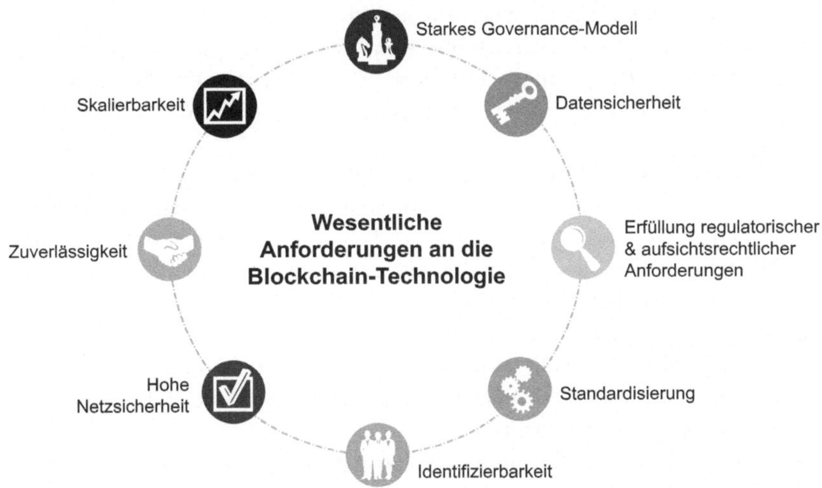

Abb. 5.4 Eigene Darstellung in Anlehnung an SWIFT und Accenture 2016, S. 5

Für die Umsetzung einer Blockchain-Lösung bedarf es zunächst einem starken **Governance-Modell,** das einerseits die Rollen und Verantwortlichkeiten der verschiedenen Parteien und andererseits die geschäftlichen, technischen sowie operativen Regeln innerhalb eines Netzwerkes klar definiert. Hierbei stellt auch die **Identifizierbarkeit** der Akteure zur Gewährleistung der **Rechenschaftspflicht** eine Grundvoraussetzung dar. Mit den privaten Blockchain-Lösungen wird bereits ein Schritt in diese Richtung vorgenommen, allerdings müssen weitere tiefgreifendere Entwicklungen folgen. Eine weitere Anforderung stellt die Datensicherheit dar. Es muss sichergestellt werden, dass nur autorisierte Parteien Zugang zu den für sie relevanten Daten erhalten, um die **Vertraulichkeit** dieser zu gewährleisten. Hierfür müssen zusätzliche **Datenverschlüsselungen** oder neue Speicherlogiken gefunden werden (Deutsche Bundesbank 2017, S. 42; SWIFT und Accenture 2016, S. 6 f.).

Des Weiteren müssen Finanzinstitute in der Lage sein, alle ihnen auferlegten regulatorischen und aufsichtsrechtlichen Anforderungen erfüllen zu können. Hierzu gehören insbesondere Vorgänge wie Transaktions- oder Kundenprüfungen hinsichtlich KYC/GWG-relevanter Merkmale und die Herstellung eines angemessenen Gleichgewichts zwischen **Datenschutz** und **Transparenz.** Fragen der Regulierung bleiben bisher aufgrund der **Neuartigkeit** und **Komplexität** der

Blockchain-Technologie noch unbeantwortet. Einen weiteren Punkt stellt die Notwendigkeit einer Standardisierung auf allen Ebenen zur Gewährleistung von **Straight-Through-Processing (STP),** Interoperabilität sowie Rückwertskompatibilität dar, die auf globaler Ebene nicht gegeben ist (SWIFT und Accenture 2016, S. 8 f.).

Weiterhin müssen Blockchain-Lösungen in Zeiten exponentiell zunehmender **Cyber-Angriffe** eine hohe **Netzsicherheit** garantieren können und somit die Fähigkeit aufweisen, Cyber-Angriffe rechtzeitig zu erkennen und zu verhindern. Daneben müssen die Systemlösungen ein höchstes Maß an Zuverlässigkeit aufweisen. Speziell bei Finanzdienstleistungen wie dem Auslandszahlungsverkehr ist dies von entscheidender Bedeutung, da diese für die Gewährleistung der weltwirtschaftlichen Stabilität notwendig sind. Aufgrund der frühen Entwicklungsstadien aktueller Entwicklungen kann die Zuverlässigkeit derzeit noch nicht uneingeschränkt garantiert werden.

Abschließend muss auch eine **Skalierbarkeit** zur Unterstützung von Dienstleistungen, die tausende von Transaktionen pro Sekunden verarbeiten müssen, garantiert werden. Dabei hängt die Skalierbarkeit von Blockchain-Lösungen besonders vom gewählten Konsens-Algorithmus ab, bei denen sich einige bereits als sehr vielversprechend herausgestellt haben (Deutsche Bundesbank 2017, S. 42; SWIFT und Accenture 2016, S. 12 f.).

5.5   Idealtypische Blockchain-Lösung

Aufbauend auf den vorangegangenen Ausführungen sowie unter der Annahme, dass alle aufgeführten Anforderungen erfüllt werden können, kann ein idealtypisches Blockchain-System zukünftig wie in Abb. 5.5 dargestellt aussehen. In dieser möglichen Lösung bestehen weiterhin die Auftraggeber- sowie Empfängerbank als Dienstleister zum Kunden und als **Gateways** zum Blockchain-Netzwerk. Auch die Korrespondenzbanken treten weiterhin als Akteure auf und sind dem System zur Abwicklung von Fiatwährungen angeschlossen. Ferner wird Regulierungsbehörden ein direkter Zugang ermöglicht.

Bei der Transaktionsabwicklung bildet das Blockchain-System jede Transaktionsnachricht als **Datenblock** ab und sendet diesen Block allen relevanten Transaktionspartnern zur Verifizierung und Validierung zu. Die involvierten Parteien erhalten gleichzeitig alle Transaktionsdaten sowie gegebenenfalls zusätzliche GWG-/KYC-Daten und können entsprechend parallel die notwendigen Prüfungen, internen Verbuchungen und schlussendlich die Bestätigung der Transaktion

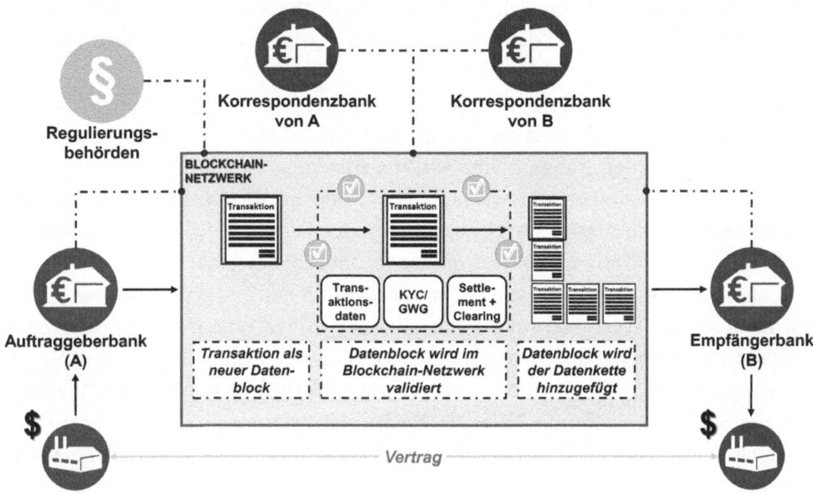

Abb. 5.5 Idealtypische Blockchain-Lösung

vornehmen. Dadurch das alle Parteien die gleichen Informationen parallel bekommen, ist die Abwicklung mit erhöhter Geschwindigkeit bis hin zu einer Echtzeitabwicklung möglich. Darüber hinaus ermöglicht ein einheitlicher Verarbeitungsstandard, eine höhere Geschäftseffizienz und führt zu einer Kostenreduktion. Auch der Transaktionsverlauf würde in diesem idealtypischen Modell transparent, nachverfolgbar und unveränderlich sein.

5.6 Blockchain-Denkanstöße

Obwohl es bereits vielversprechende Entwicklungen bei allen beschriebenen Anforderungen gibt, sind weitere erhebliche Forschungs- und Entwicklungsarbeiten erforderlich, bevor die Blockchain-Technologie in dem von der Finanzindustrie geforderten Umfang angewendet werden kann. Alle Lösungen befinden sich noch in einem frühen Entwicklungsstadium und keine von ihnen kann den aktuellen Anforderungen vollumfänglich gerecht werden (SWIFT und Accenture 2016, S. 14 f.). Hinzu kommt ein fehlendes rechtliches sowie regulatorisches Rahmenwerk. Auch das dargestellte idealtypische Blockchain-System stellt nur eine von vielen möglichen Lösungen dar. Aufgrund der Komplexität eines Auslandszahlungsverkehrssystems ist es derzeit noch schwierig, genau das eine idealtypische System zu identifizieren.

Sicher scheint nur, dass zukünftige Systeme auf **Permissioned-Private-Ledgers** aufbauen werden, da diese das Potenzial haben, den hohen Anforderungen gerecht zu werden. Fragen wie ‚Soll die Blockchain-Lösung auf bestehenden Infrastrukturen oder einer eigenen aufbauen¿; oder ‚Soll mit der Blockchain die gesamte Wertschöpfungs-/Abwicklungskette oder lediglich Teilprozesse abgebildet werden¿ bilden nur einen Teil der noch unbeantworteten Fragen ab. Ripple beispielsweise setzt auf bestehenden Infrastrukturen auf und will mit seinem System die gesamte Wertschöpfungskette abbilden sowie eine direkte Verbindung zwischen Auftraggeber und Empfänger herstellen. Allerdings transferiert Ripple derzeit keine realen Geldwerte, sondern gibt **Schuldscheine (IOUs)** oder aber seine eigene Kryptowährung XRP als Nachweis für etwaige Zahlungsansprüche aus (Trah und Reicks 2017). Diese müssen wiederum in Fiatwährungen getauscht werden.

Zusammenfassend sollte festgehalten werden, dass die Blockchain-Technologie trotz ihres großen Potenzials nicht als Allzwecklösung für jegliche Problemstellungen betrachtet werden sollte. Potenzielle Anwendungsfälle sollten stets darauf hin überprüft werden, ob neben der Blockchain-Technologie auch andere Technologien das betreffende Problem lösen können. SWIFT beispielsweise zeigt mit seiner *SWIFT-gpi* Initiative, dass signifikante Endkundenverbesserungen ohne die Anwendung komplett neuer Technologien möglich sind. Aufbauend auf der bestehenden SWIFT-Infrastruktur soll zukünftig der garantierte taggleiche Geldtransfer, eine vollständige Gebührentransparenz sowie eine Zahlungsnachverfolgung bzw. **Payment-Tracking** möglich sein (SWIFT n. d.c).

Literatur

Accenture., & Ripple. (2016). *The journey to real-time cross border commercial payments using distributed ledger technology.* https://cdn.ripple.com/wp-content/uploads/2016/07/Accenture_Ripple_CrossBorderPayments.pdf. Zugegriffen: 13.10.2020.

Deutsche Bundesbank. (2017). *Monatsbericht September 2017.* https://www.bundesbank.de/resource/blob/665470/02abccf09b7ebf3c9635b89405ead7e7/mL/2017-09-monatsbericht-data.pdf. Zugegriffen: 13.10.2020.

Dixon, P. (2017). Blockchain: Mehr als Bitcoin. In R. Smolinski, M. Gerdes, M. Siejka, & M. C. Bodek (Hrsg.), *Innovationen und Innovationsmanagement in der Finanzbranche* (S. 215–229). Wiesbaden: Springer Gabler.

EBA. (2017). *Cryptotechnologies in international payments*. https://www.abe-eba.eu/media/azure/production/1550/cryptotechnologies-in-international-payments.pdf. Zugegriffen: 13.10.2020.

GOS. (2016). *Distributed ledger technology: Beyond block chain*. https://assets.publishing.service.gov.uk/government/uploads/system/uploads/attachment_data/file/492972/gs-16-1-distributed-ledger-technology.pdf. Zugegriffen: 13.10.2020.

Korschinowski, S., Forster, M., & Reulecke, L. (2018). Blockchain: Wie Banken die Technologie aus Prozess- und Produkt-Sicht nutzen können. In V. Brühl, & J. Dorschel (Hrsg.), *Praxishandbuch Digital Banking* (S. 277–290). Wiesbaden: Springer Gabler.

Prinz, W., Rose, T., Osterland, T., & Putschli, C. (2018). Blockchain. In R. Neugebauer (Hrsg.): *Digitalisierung: Schlüsseltechnologien für Wirtschaft und Gesellschaft* (S. 311–319). Berlin: Springer Vieweg.

Roth, M., & Eitelwein, M. (2018). Funktionsweise Blockchain: Wie funktioniert eine Blockchain? *Digitale Welt, 2*(1), 35–38.

SWIFT. (n. d.c). SWIFT gpi: Cross-border payments, transformed. https://www.swift.com/de/node/203386. Zugegriffen: 13.10.2020.

SWIFT, & Accenture. (2016). *SWIFT on distributed ledger technology: Delivering an industry-standard platform through community collaboration*. https://www.swift.com/file/25491/download?token=jO0oQXc5. Zugegriffen: 13.10.2020.

Trah, T., & Reicks, T. (2017). Blockchain: Potenzial im Zahlungsverkehr mit Fremdwährungen. https://www.consileon.de/news/blockchain-potenzial-im-zahlungsverkehr-mit-fremdwaehrungen/. Zugegriffen: 13.10.2020.

Aussichten für die Zukunft 6

Der digitale Wandel hat die Finanzbranche erreicht und übt auf diese enormen Druck aus. Die Finanzinnovationen zielen dabei auf einzelne Teile der Wertschöpfungskette – überwiegend an der Kundenschnittstelle – ab und fokussieren schwerpunktmäßig auf den C2C- sowie B2C-Bereich. Doch welche Auswirkungen und Folgen hat der digitale Wandel nun auf das bankendominierte traditionelle Geschäftsmodell *Auslandszahlungsverkehr?* Die obigen Analysen zeigen, dass das Auslandszahlungsverkehrsgeschäft der Banken bisher nahezu vollständig von tief greifenden Basisinnovationen und neuen Wettbewerbern verschont geblieben ist, obwohl die gegenwärtige Abwicklung bereits seit Jahren diverse Defizite aufweist und nicht mehr den aktuellen (Kunden-)Anforderungen entspricht. Es sind Optimierungspotenziale vorhanden. Genau diese haben einige FinTech-Unternehmen für sich erkannt und wollen das traditionelle Geschäftsmodell mithilfe der Blockchain-Technologie, einer typischen **Push-Innovation,** revolutionieren. Dabei setzen sie aber nicht bei den Banken selbst, sondern bei den etablierten Infrastrukturen an, die bisher faktisch einzig von SWIFT bereitgestellt werden.

Der steigende **Wettbewerbsdruck** zwingt die Infrastrukturanbieter sich radikal weiterzuentwickeln und verspricht, unabhängig davon welche Technologien beziehungsweise Infrastrukturen sich durchsetzen werden, zukünftig erhebliche Besserungen, insbesondere hinsichtlich der **Geschwindigkeit, Transparenz und Kosten,** für die Bankenwelt und deren Kunden. Dass sich etwas verändern wird, ist sicher! – Ein neues Auslandszahlungsverkehrssystem wird sich aber nicht über Nacht finden und etablieren lassen. Trotzdem sollten Banken die Marktentwicklungen kontinuierlich beobachten und die eigenen Strukturen frühzeitig auf die Gegebenheiten anpassen, um rechtzeitig auf Veränderungen reagieren zu können.

© Der/die Autor(en), exklusiv lizenziert durch Springer Fachmedien Wiesbaden GmbH, ein Teil von Springer Nature 2020
C. Friesendorf und J. Stern, *Digitalisierung des Auslandszahlungsverkehrs,* essentials, https://doi.org/10.1007/978-3-658-32738-5_6

Oder noch besser: Die Veränderung selber mitgestalten. Denn Auslandszahlungsverkehr bleibt Auslandszahlungsverkehr! – Die größte Wettbewerbsintensität geht bisher vom Kunden und brancheninternen Wettbewerb aus. Die Banken, die rechtzeitig die Veränderungen für sich nutzen, können weiterhin vom bestehenden Kundenvertrauen und den stetig steigenden Transaktionsvolumen im Auslandszahlungsverkehr profitieren. Gerade dann wird der Auslandszahlungsverkehr auch in Zukunft für Banken ein weiterhin lukratives Geschäftsfeld bleiben.

Was Sie aus diesem *essential* mitnehmen können

- Ein umfassendes Verständnis über die Innovationtrends in der Finanzbranche, insbesondere im Auslandszahlungsverkehr, und dessen Nutzen für Unternehmen, Banken und Behörden
- Einblicke in die Herausforderungen des digitalen Transformationsprozesses und dessen Wirkungskreise
- Gründliche Kenntnisse über traditionelle sowie transformierte Banken-Geschäftsmodelle
- Kompaktwissen über Richtlinien, Technologien und Prozesse im Auslandszahlungsverkehr

© Der/die Herausgeber bzw. der/die Autor(en), exklusiv lizenziert durch Springer Fachmedien Wiesbaden GmbH, ein Teil von Springer Nature 2020
C. Friesendorf und J. Stern, *Digitalisierung des Auslandszahlungsverkehrs*, essentials, https://doi.org/10.1007/978-3-658-32738-5